中国博士后科学基金一等资助

华北电力大学马克思主义理论学科"双一流"建设经费资助

| 光明社科文库 |

社区治理与建设研究

骆小平◎著

光明日报出版社

图书在版编目（CIP）数据

社区治理与建设研究 / 骆小平著．－－北京：光明
日报出版社，2023.3

ISBN 978－7－5194－7157－6

Ⅰ.①社… Ⅱ.①骆… Ⅲ.①社区管理—研究—中国

Ⅳ.①D669.3

中国国家版本馆 CIP 数据核字（2023）第 062839 号

社区治理与建设研究
SHEQU ZHILI YU JIANSHE YANJIU

著　　者：骆小平

责任编辑：杜春荣　　　　　　　　　责任校对：房　蓉　李佳莹

封面设计：中联华文　　　　　　　　责任印制：曹　诤

出版发行：光明日报出版社

地　　址：北京市西城区永安路 106 号，100050

电　　话：010-63169890（咨询），010-63131930（邮购）

传　　真：010-63131930

网　　址：http：//book. gmw. cn

E － mail：gmrbcbs@ gmw. cn

法律顾问：北京市兰台律师事务所龚柳方律师

印　　刷：三河市华东印刷有限公司

装　　订：三河市华东印刷有限公司

本书如有破损、缺页、装订错误，请与本社联系调换，电话：010-63131930

开　　本：170mm×240mm

字　　数：218 千字　　　　　　　　印　　张：15.5

版　　次：2024 年 1 月第 1 版　　　印　　次：2024 年 1 月第 1 次印刷

书　　号：ISBN 978－7－5194－7157－6

定　　价：95.00 元

序

潘维

骆小平博士的这本著作来自她在北京大学做博士后研究（2016—2018）的"出站报告"。她的博士后研究卓有成效，获得了北大博士后研究最高层次的"博雅奖学金"。作为她博士后期间的合作导师，我热烈祝贺她的这本著作出版面世。

基于骆博士在北京、杭州、广州三地做的社区实地调研，这本书的主题是中国大城市的居民社区治理。社区的事有"公事"与"私事"之分。她分辨出的一条重要线索是，从"小事"到"大事"到"出事"又成为"公事"的过程。这个线索为党领导下的社区治理提供了方向性思路。而她特别强调的"基层协商"，把群众组织起来，有事大家商量着办，其实是"党的群众路线"的精髓。北京卫视的"向前一步走"节目，是展示这种协商的典范，体现了党领导社区居民民主协商。

城市居民社区是社会治理的重大难点。我国乡村人口正在快速变成城镇人口，从21世纪初占总人口2/3，仅20余年就降到1/3。到21世纪中叶，乡村人口降低到10%以下几乎是确定的。这是我国社会经济发展的最大成就。然而，这种快速城镇化也带来城市治理的诸多难题甚至困境。在超大城市里，这种困境更突出。乡村是"熟人社会"，人的行为有天然道德约束，而且乡村也没多少公共财产。但城市工作场地与居民区完全隔离，居民区成为一盘散沙的"陌生人社会"。居民身边有价值高昂的城市公有财富和居民区共有财富，任何一家"占点小便宜"就能"发家致富"。占一平方米电梯厅放鞋子，赚 10 万元；打地锁占 10 平方米车位，赚几十上百万元；在一层圈占花园或在顶层建设违章房屋，赚钱无数。在大城市的居民区，而今频见歪风邪气导致的"破窗效应"，矛盾重重，危机四伏。办了"物业管理公司"，公私矛盾变成了"业主—物业—业委会—居委会"的四方矛盾。

谁来组织动员居民，谁来组织和引导居民进行密集协商？为什么我们强调"党建引领社区建设"？怎样理解"党建"引领？这涉及对"党的群众路线"的理解。

毛主席曾与黄炎培先生谈到政权兴衰循环，他说："只有让人民来监督政府，政府才不敢松懈。只有人人起来负责，才不会人亡政息。"这是以"民主"跳出政权兴衰循环的思路。我们党一直断言：群众路线是党的"生命线"。党章和党关于百年历史的决议反复指出："党的最大优势是密切联系群众，党执政后的最大危险是脱离群众。"我们党把至今指导我们的那部分"毛泽东思想"概括为三条"活的灵魂"，即实事求是、群众路线、独立自主。群众路线是扁担，一头挑着党在思想上的实事求是，另一头挑着党在思想上的独立自主。由此，我们党在新时代强调党的理论本土化、时代化。

党的十八大以来，我们党断言："人民的美好生活就是我们党的奋斗目标。"民众劳作是为了生活，为了美好生活。人们工作 8 小时，为的是 16 小时的生活；工作一生，为的是育小养老，为后半生安全退养。所以，居民社区是百姓美好生活的基地。

居民自治是"基层自治"的核心区，是几乎一切"小事"的来源，是"全过程人民民主"理论的落脚点，也是"党的群众路线"和"人民当家作主"最重要的落脚点。所谓"小事",就是每户群众的"身边事、烦心事、急难愁盼的事"。"小事"办不好,"大事"逐渐就办不成了。办"大事"的成就,要通过办好"小事",才能转化为"民心",转化为政权的执政正当性。办好"小事"意味着花大量时间在居民中做说服工作,要组织动员居民,一切依靠组织起来的群众,办好人民的"小事"。如此,才能人人起来负责,让人民监督政府。

谁来组织动员和说服居民齐心协力办好"小事"?为什么我们强调"党建引领社区建设"?我们中国共产党绝非仅是800万党员干部组成的科层体系,更是500万基层支部组成的扁平政治组织,其中有近亿党员,占我国成年人口1/10。党是我国广大人民的先锋队,是中华民族的先锋队。擅长"办大事"的科层体系与擅长"办小事"的扁平组织,都是党组织,有统一性,是党实行"集中统一领导"的基础,是人民当家作主和依法治国的前提条件。

在党的科层体系与扁平组织的关系上,在我看来,"以小为大、以下为上"构成"新时代"群众路线的原则。以小为大,才能落实"以人民为中心";以下为上,才能体现"人民至上"。党以人民的美好生活为中心,人民就以党为中华同心圆的圆心。因此,我们需要在居民区的每一栋楼里建设党的基层组织,退休党员出力、在职党员出钱,把"群众"组织成"人民"——有组织的群众就是人民,组织各种文明的居民互助组织,解决五花八门的具体矛盾,让人民自己解放自己,让公德之风压倒不文明的歪风邪气,让我们基层各行政部门的官员受到人民监督,督促他们眼睛不仅朝上看,而且更向下看。自古以来,"耆老"就是我们中华社区自治的脊梁。

城市社区治理的困难是动态的、发展中的。难题五花八门,新难题层出不穷;在不同地区的社区里矛盾不一样,在同一地区的不同社区里矛盾也不一样。解决一个矛盾的办法必然会引发新的矛盾。所以,没有一劳永逸的解决办法，更没有全国统一的解决办法。我们只能依靠基层党组织去组织动员群众，"一切依靠群众"，在解决一个个新问题中前行、进步。所以我们强调"党建引领社区建设"。党的建设，从根本意义上讲，就是"支部建在连上""支部建在村上"。

希望以这本书为开端，骆小平博士能继续关注和深入研究城市社区治理，为改善我国的治理体系和治理能力做出新贡献。

北京大学国际关系学院

2022-02-28

前　言

习近平总书记指出："'十四五'时期是我国全面建成小康社会、实现第一个百年奋斗目标之后，乘势而上开启全面建设社会主义现代化国家新征程、向第二个百年奋斗目标进军的第一个五年，我国将进入新发展阶段。"党的十八大以来，我们党带领人民在加强和完善国家治理上取得历史性成就。当前，我国进入新发展阶段，我国的国家治理面临全新的内外部环境，需要适应新的治理任务与风险挑战，确立更高要求和更高标准。为更好应对各种风险挑战、赢得战略主动，更好满足人民对美好生活的新期待，推动党和国家事业蓬勃发展，必须进一步坚持和完善中国特色社会主义制度、推进国家治理体系和治理能力现代化，着力提升国家治理效能。

党的十九届五中全会通过的《中共中央关于制定国民经济和社会发展第十四个五年规划和二〇三五年远景目标的建议》（以下简称《建议》）将"国家治理效能得到新提升"作为今后五年我国经济社会发展的主要目标之一，并对"十四五"时期推进国家治理体系和治理能力现代化做出重要部署。我们要准确把握实现这一重要目标的意义、要求、路径，持续推进国家治理体系和治理能力现代化，把我国的制度优势更好转化为国家治理效能，朝着全面建设社会主义现代化国家的宏伟目标阔步前进。

　　国家治理体系和治理能力是一个国家制度和制度执行能力的集中体现。在治理活动中，治理主体贯彻执行制度，取得相应治理效果、达到既定治理目标，展现治理效能。从国家治理历史演进来看，一个国家治理效能的高低，直接反映这个国家治理体系和治理能力的现代化水平，也是评判一国制度优劣的重要标准。可以说，提升国家治理效能，既是推进国家治理现代化的重要内容，也是其所要达到的重要目标，对坚持和完善中国特色社会主义制度具有重大意义。中国特色社会主义治理体系是独特的、独有的，是适合中国发展的。我们称之为"中国之治"，这是当代马克思主义治理理论的创新发展，也是我们建设的重要机制。

　　政权基础在社会基层，社会基层的最基本单位是社区。社区治理是治国理政的立足点和落脚点，是政权建设的关键。党的十九大报告中指出："加强社区治理体系建设，推动社会治理重心向基层下移，发挥社会组织作用，实现政府治理和社会调节、居民自治良性互动"，明确指出了新时代社区治理的新格局。2021 年 4 月 28 日，《中共中央国务院关于加强基层治理体系和治理能力现代化建设的意见》出台，开篇就指出："基层治理是国家治理的基石，统筹推进乡镇（街道）和城乡社区治理，是实现国家治理体系和治理能力现代化的基础工程。"基层治理主要在于社区，这是"夯实国家治理的根基"。社区治理的好坏反映了当前治理能力的强弱，是治理体系现代化最具创新内涵的基础。当前中国社会处在城市化快速发展时期，社会流动的频繁改变了传统社区的结构，加大了社区治理的难度，从政治学视角系统深入研究该议题，有助于从现实中找到社区治理的问题、困境和趋势，有助于探寻完善国家治理体系与提升治理能力的途径。

　　基于对大城市聚集区社区治理的前瞻性、典型性和问题解决急迫性的研究，根据"胡焕庸线"的南北分布规律，从地理上选择了位于发达地区的沿海地带，由北往南选取了位于北京、杭州、广州三个大城市的典型社区，调研其现状，将社区治理的主体分别找出来，并深刻分析其性质、权限、资源，分析各自的利益诉求、参与方式和互动关系，梳理出当前社区治理的资源分布现状，并对参与方式和互动关系进行分析，梳理出了当前社区治理的几种模式：北京主要是政府为主导的多主体互动治理模式，广州主要是社会组织为主导的社区治理，杭州则主要倾向于复合主体共治的社区治理模式。北京在近几年开始探索运用"12345热线"接诉即办服务群众机制，大大提升了社区治理的成效。

2022年新年伊始，习近平主席指出"大国之大，也有大国之重。千头万绪的事，说到底是千家万户的事"。通过调研，我们也发现：人们对美好生活的获得感、幸福感和安全感就是来自所居住社区的生活体验。好的社区治理就是以人民为中心，千家万户的小事就是"国之大者"，就是国家治理的大事。党的执政能力就是党在基层的组织能力和实力，基层党组织组织力强弱直接关系到党的创造力、凝聚力、战斗力、领导力和号召力，对党执政兴国具有重要影响。实践证明："民之所忧，我必念之；民之所盼，我必行之"的理念是我们党领导下治国理政的一贯坚持，需要进一步加强和完善我国的社会治理体系，有力推进"人人有责、人人尽责、人人享有的社会治理共同体"的建设。

目 录
CONTENTS

第一章 治理：国家发展和人们 美好生活的基础场域

国家治理体系和治理能力是一个国家制度和制度执行能力的集中体现。国家治理体系是在党领导下管理国家的制度体系，包括经济、政治、文化、社会、生态文明和党的建设等各领域体制机制、法律法规安排，也就是一整套紧密相连、相互协调的国家制度。作为治理体系核心内容的制度，其作用具有根本性、全局性、长远性，但是如果没有有效的治理能力，再好的制度和制度体系也难以发挥作用。

国家治理能力则是运用国家制度管理社会各方面事务的能力，包括改革发展稳定、内政外交国防、治党治国治军等各个方面。国家治理体系和治理能力是一个相辅相成的有机整体，有了好的国家治理体系才能真正提高治理能力，提高国家治理能力才能充分发挥国家治理体系的效能。

第一节 中国之治：当代马克思主义 治理理论的创新发展

党的十八大以来，党中央关于推进国家治理体系和治理能力现代化的一系列重要论述，科学地回答了中国发展起来以后如何实现党领导人民有效治理国家的重大历史课题。这一重大理论创新成果全面展示了新时代中国共产党治国理政的新视野，极大地丰富发展了马克思主义的国家治理理论，充分彰显了国家治理的中国方案和中国智慧，为构建中国特色社会主义国家治理话语体系提供了重要的思想遵循。

一、国家治理体系与治理能力现代化是独立的重大政治议题

2019年10月28日至31日，党的十九届四中全会审议通过了《中共中央关于坚持和完善中国特色社会主义制度、推进国家治理体系和治理能力现代化若干重大问题的决定》。这是继党的十八届三中全会《全面深化改革若干重大问题的决定》、党的十九届三中全会《深化党和国家机构改革的决定》之后，又一具有全局性深远影响的重大决策部署。2021年4月28日，《中共中央国务院关于加强基层治理体系和治理能力现代化建设的意见》出台，开篇就指出："基层治理是国家治理的基石，统筹推进乡镇（街道）和城乡社区治理，是实现国家治理体系和治理能力现代化的基础工程。"基层治理主要在于社区，是"夯实国家治理的根基"。

1. 国家治理超越"全面深化改革"范畴，成为一项独立的重大政治议题

"坚持和完善中国特色社会主义制度、国家治理体系和治理能力现代化"最早源自党的十八届三中全会关于"全面深化改革"的决定中，提出全面深化改革的总目标是："坚持和完善中国特色社会主义制度，推进国家治理体系和治理能力现代化。"自此，国家治理迅速成为理解中国政治的全球关注点。党的十八届四中全会决议意味着"坚持和完善中国特色社会主义制度、推进国家治理体系和治理能力现代化"已经超越了"全面深化改革"范畴，成为一项独立的重大政治议题，并成为全党的一项重大战略任务。至此，国家治理现代化从全面深化改革总目标，升格为全党从现

在起到 2050 年的一项重大战略任务。

2. "国家治理"的人民性得到高度体现

我国是社会主义国家，一切依靠人民，一切为了人民，以人民为中心。国家治理一切工作和活动都依照中国特色社会主义制度展开，而国家治理体系和治理能力是中国特色社会主义制度及其执行能力的集中体现。其具有多方面的显著优势，即"十三个坚持"的显著优势，体现了社会主义国家在治理方面的独特模式和成功经验，这是我们坚定中国特色社会主义道路自信、理论自信、制度自信、文化自信的基本依据。公报系统性、立体性、全方位地明确了社会主义国家治理的特征、特点和本质，阐明了我国的治理体系和治理制度的现代化绝不等于西方化、资本主义制度化的坚定立场。这是我党发出的全面推进国家治理现代化的"宣言书"。

3. 擘画了"国家治理"的蓝图和施工图

党的十九届四中全会指出了未来治理的前瞻性，擘画了蓝图。将"坚持和完善中国特色社会主义制度、推进国家治理体系和治理能力现代化"上升为全党的重大战略任务，表明新时代的国家治理大幕已经拉开。在未来，我们将继续以马克思主义为指导，完善植根中国大地、具有深厚中华文化根基、深得人民拥护的制度和治理体系，持续发挥制度和体系的强大生命力和巨大优越性，持续推动拥有 14 亿多人口大国的进步和发展，确保拥有 5000 多年文明史的中华民族实现"两个一百年"奋斗目标。

党的十九届四中全会更指出了目标和具有可操作性的、可执行的由远到近的"施工图"。宏观上，公报确立了总目标和"分三步走"。第一步是到 2021 年，基本定型；第二步是到 2035 年基本实现国家治理体系和治理能力现代化；第三步是到新中国成立 100 年时，全面实现国家治理体系和治理能力现代化。从中观层面看，提出了十三个"坚持与完善"，治理工作的"着力点"和"落脚点"，如构建系统完备、科学规范、运行有效的制度体系等，把社会主义制度优势更好地转化为国家治理效能。

4. "四个治理"从社会治理方式上升为国家治理遵循的基本原则

"四个治理"最早出现在党的十八届三中全会全面深化改革决定中,当时是改进社会治理方式的一部分内容。党的十九届四中全会将系统阐述推进国家治理现代化的"系统治理、依法治理、综合治理、源头治理"四种方式。这意味着源起于社会治理领域的治理方式上升为整个国家治理要遵循的基本原则。

系统治理是指:加强党委领导,发挥政府主导作用,鼓励和支持社会各方面参与。依法治理是指:加强法治保障,运用法治思维和法治方式化解社会矛盾。综合治理是指:强化道德约束,规范社会行为,调节利益关系,协调社会关系,解决社会问题。源头治理是指:标本兼治、重在治本,以网格化管理、社会化服务为方向,健全基层综合服务管理平台,及时反映和协调人民群众各方面、各层次利益诉求。

在最新的 2021 年指导意见中则明确指出了基层治理的指导思想,要以习近平新时代中国特色社会主义思想为指导,"坚持和加强党的全面领导,坚持以人民为中心,以增进人民福祉为出发点和落脚点,以加强基层党组织建设、增强基层党组织政治功能和组织力为关键,以加强基层政权建设和健全基层群众自治制度为重点,以改革创新和制度建设、能力建设为抓手,建立健全基层治理体制机制,推动政府治理同社会调节、居民自治良性互动,提高基层治理社会化、法治化、智能化、专业化水平"①。足以表明基层治理与"基层政权建设"的紧密相关和在新时代国家治理中的重要地位。

二、我国国家治理不同于西式治理

国家治理观是人们对国家治理的根本观点,是对国家治理的起源、本

---

① 新华社. 中共中央国务院关于加强基层治理体系和治理能力现代化建设的意见 [EB/OL]. (2021-07-11) [2023-06-27]. http://www.gov.cn/zhengce/2021-07/11/content_ 5624201. htm.

质以及一般规律的理论概括。马克思主义的国家治理观，核心体现在关于国家及国家治理的本质、公共权力与国家职能、人民主权与民主治理、国家治理的组织原则、国家治理的根本方法、国家治理的政策与策略、国家治理的领导权以及国家治理的改革与发展等重大问题的论述上。这不同于西方话语中的"治理"概念与内涵。

1. 并非"国家—社会"的非此即彼的"两分"

我们所说的"治理"不同于西来政治学术语中的概念。不仅仅是微观层面的战术上解决问题，不仅仅是"国家—社会"两分结构上的社会治理，而是包括了宏观层面国家制度、体系，以及在制度下开展的治理活动。因此，中国的"治理"更是多方面的包含，这与中国历史传统文化密切相关。中国人的思维方式里"治理"不是形而上还是形而下的"两分"，不是道术的"两分"，也不是"国家—社会"的两分结构。

2. 主动与被动的合二为一

国家治理、社会治理、全球治理，其实意思是治理国家，治理社会，治理全球，也就是实质上国家被治理，社会被治理，全球被治理。既然是"被"，那么治理主体是谁？其实，就是国家、社会和全球本身。在这里，治理主体和治理客体合为一体。中国话语下对"国家治理""全球治理"的理解更为清晰，更为透彻。不同于西方话语框架下过于强调主体的干涉性，仅仅把治理客体当作"对象"，而丧失了主体性。

3. "治理"与"制度"紧密相连

治理的共性，就是国家对公共事务、公共资源的管理。我们的国家治理与西方的国家治理有相同之处，但也有不同之处。治理体系与治理能力现代化绝不等于西方化，不等于资本主义制度化。国家治理与中国特色社会主义制度紧密联系。中国的国家治理是在社会主义制度保障下进行，而不是在资本主义制度保障下进行。国家治理是以人民为中心，而不是以资本为中心。

4. "治理"是"上下""内外"同构

中国的治理是立体的、全方位的。国家治理的载体也是多方位的、立体的，不是仅有政府，而是重要的"N+X"。N就是党的领导体系、政府治理体系、对外的国防安全体系、对内的人民团结体系；X就是指在中国共产党统一领导下，人大、政府、政协、监察机关、审判机关、检察机关、人民团体、企事业单位、社会组织等各类组织共同构成的有机衔接、相互协调的协同治理体系。

5. 中国国家治理的"空间定向"是多方位、多维度的，不是西方治理的"店主思想"

治理空间不是僵死的、固定不变的物质空间，而是可看作一个可以朝向不同方向来自我定位的精神—治理空间。西方中心论便是典型的"店主思想"，把自己看作独立于整个世界之外的独立地理空间，治理的对象是其他人，不包括自己。

治理体系和治理能力相统一是我国治理现代化的基本特征，显然不同于西方现代化道路。习近平总书记指出："国家治理体系和治理能力是一个有机整体，相辅相成，有了好的国家治理体系才能提高治理能力，提高国家治理能力才能充分发挥国家治理体系的效能。"① 西方现代化道路的一个突出特征是以是否建立西方式的自由民主制度为衡量现代化的重要标志，特别强调民主的程序性，具有"制度中心主义"色彩，往往追求程序正义而忽视了实质正义。而我国的国家治理现代化是制度和制度执行能力的重要体现，治理体系是治理能力的保障，治理能力是治理体系的归宿，二者构成有机统一的整体，从而成为中国特色社会主义现代化道路的鲜明特色。

我国的国家治理现代化与西方现代化道路的本质区别在于我们的阶段

---

① 习近平. 习近平谈治国理政：第1卷［M］. 北京：外文出版社，2014：91.

目标与长远目标是相统一的。西方现代化道路由于实行竞争性政党制度，政党轮流坐庄导致政策具有显著的多变性和短期性特征。而我国的国家治理现代化坚持阶段目标与长远目标相统一，既注重发展的阶段性，以阶段性的战略布局完成短期目标；又注重发展的长远性，始终把中华民族伟大复兴的"中国梦"作为中国特色社会主义的长远目标。①

三、"城市中国"的社区成为国家治理的重要空间

时至今日，世界面临百年未有之大变局。看西方社会，每个阶级都对社会现状不满，都在通过选票寻求自己的代言人，寻求出路，获得利益保障。资本主义国家纷纷通过吸纳社会主义成分来维系资本主义的发展，企图用"社会主义"来摆脱"资本主义"的危机，更加"社会"，在主要公共事业领域不断提高和扩展社会福利，来缓解与社会底层的紧张。然而，2008 年金融危机至今已经 10 年，再过 10 年，20 年，30 年呢？情况会好转吗？这背后的实质则是：资本主义全球化推进全世界资本家联合起来，将所有的东西都异化为商品和资本。作为社会的基本公共事业如教育、医疗、住房、养老都异化了"资本"。本是给自由以保障的"资本"却成了人的自由全面发展的最大障碍。"资本主义全球化"实质促成了"剥削的全球化"，激起各国社会底层的焦虑与反抗，使得世界范围内掀起了极端民族主义思潮与反全球化思潮。人们所反对的，不是社会生产力巨大发展和普遍交往的扩大，不是全球范围内资金、贸易、市场、技术的流动，而是资本集团以牺牲世界人民利益为代价的全球化，是剥夺了世界人民创造历史从而走向平等团结的全球化。

习近平总书记强调，我们党工作的重要方法论是"好的方针政策都应

---

① 徐晓全. 从治国实践看国家治理现代化与西方现代化的本质区别［EB/OL］.（2016-12-19）［2023-06-27］. http：//www. gov. cn/zhengce/2021-07/11/content_ 5624201. htm.

该来自人民、顺应人民的意愿、符合人民的所思所想。党的领导工作的正确方法就是将群众意见集中起来形成正确的决策，又到群众中宣传解释，将决策化为群众的行动，并在群众实践中检验这些决策是否正确。"党的十九届四中全会强调要将社会主义制度的优越性转化为国家治理效能，这是我们前进的方向。可以说，"中国之治"恰逢其时，给了社会主义成长的速度与巨大空间。空间最重要的就来自基层社会及其治理。

马克思说："随着城市的出现也就需要有行政机关、警察、赋税等等，一句话，就是需要有公共的政治机构，也就是说需要有一般政治。"① 城市治理现代化成为国家治理现代化的重要体现和重要承载。

中国共产党历来重视城市工作。早在 1949 年，党的七届二中全会就提出把工作重心从乡村转移到城市，毛泽东同志号召全党："党和军队的工作重心必须放在城市，必须用极大的努力去学会管理城市和建设城市。"② 在 1962 年、1963 年、1978 年、2015 年，中央先后召开 4 次城市工作会议，研究解决城市发展的重大问题。在改革开放以来波澜壮阔的城镇化进程中，城市已经成为我国经济、政治、文化、社会等方面活动的中心，在党和国家工作全局中具有举足轻重的地位。当前城市中生活的人口、承载的财富达到了前所未有的高度，我们正在逐渐由一个乡土中国转变为"城市中国"。在城市里，社区是群众生活的主要空间，社区治理成了党领导国家治理的重中之重。

习近平总书记强调，城市治理是国家治理体系和治理能力现代化的重要内容。2020 年 2 月 10 日，习近平总书记在北京视察社区疫情联防联控情况时指出："社区是疫情联防联控的第一线"，要求"把防控力量向社区下沉""坚决把值守小区建造成为疫情防控的坚强堡垒"。实际上，基层

---

① 中共中央马克思恩格斯列宁斯大林著作编译局. 马克思恩格斯文集：第 3 卷 [M].
   北京：人民出版社，1960：57.
② 毛泽东. 毛泽东选集：第四卷 [M]. 北京：人民出版社，1991：1427.

尤其是城市社区发挥了巨大作用。"联防联控的社区治理机制成为抗疫'中国经验'中的一大亮点，以全民抗疫为主线形成了全社会社区治理机制。"① 对此，习近平总书记对城市治理的推进提出了高要求："要树立全周期管理意识，加快推动城市治理体系和治理能力现代化，努力走出一条符合超大型城市特点和规律的治理新路子。"当前，随着城市化速度的明显加快，人们不断涌入城市，成为高度密集的城市社区的新市民和新居民。他们生活在不同于乡村的城市社区，生活方式发生巨大改变。在陌生人社会中，如何加强社区管理，不断提高城市化质量已成为一个重要课题。

第二节 党的领导：国家治理的领导力量

党的十九大报告指出："中国特色社会主义最本质的特征是中国共产党领导，中国特色社会主义制度的最大优势是中国共产党领导。"2021年《中共中央国务院关于加强基层治理体系和治理能力现代化的意见》就明确指出："坚持党对基层治理的全面领导，把党的领导贯穿基层治理全过程、各方面。坚持全周期管理理念，强化系统治理、依法治理、综合治理、源头治理。坚持因地制宜，分类指导、分层推进、分步实施，向基层放权赋能，减轻基层负担。坚持共建共治共享，建设人人有责、人人尽责、人人享有的基层治理共同体。""党政军民学、东西南北中，党是领导一切的。"可以说，党的领导贯穿渗透于国家治理体系和治理能力建设的全过程、全领域。

---

① 刘润秋. 疫情防控社区治理机制的探索、反思与优化［J］. 人民论坛，2020（15）：20-22.

一、党的领导与国家治理的创新

"创新是一个国家、一个民族发展进步的不竭动力。"党的十八大以来，习近平总书记对党的理论创新和实践创新问题做过多次重要论述，他指出："我们党之所以能够历经考验磨难无往而不胜，关键就在于不断进行实践创新和理论创新"，并强调："我们说的道路自信、理论自信、制度自信，来源于实践、来源于人民、来源于真理。"因此，必须以理论创新引领治理事业新发展。坚持问题导向是马克思主义的鲜明特点。离开实际问题谈所谓理论创新和实践创新是毫无意义的。"问题是创新的起点，也是创新的动力源。只有聆听时代的声音，回应时代的呼唤，认真研究解决重大而紧迫的问题，才能真正把握住历史脉络、找到发展规律，推动理论创新。"习近平总书记指出"社会治理是一门科学"。"领导"就是"榜样"的效应。

只有"先进性"，才会有所创新，才需要"自我革命"。新发展理念的第一要素也是"创新"。只有"创新"，共产党的活力才能得以体现；只有"创新"，共产党才能在实处干出成绩。"只要我们勇于结合新的实践不断推进理论创新、善于用新的理论指导新的实践，就一定能够让马克思主义在中国大地上展现出更强大、更有说服力的真理力量。"只有"创新"，共产党才能走在前列、冲锋陷阵、身先士卒，才能最终带领全国的人民群众。百年来，"党领导人民披荆斩棘、上下求索、奋力开拓、锐意进取，不断推进理论创新、实践创新、制度创新、文化创新以及其他各方面创新"，走出了一条中国特色社会主义治理道路。改革开放以来的许多成功探索和新鲜经验大都来自人民群众。

中国共产党十九届四中全会形成的《决议》明显具有这样一个逻辑概念。这是一个什么样的逻辑呢？就是在"国家治理体系"中，"国家"明显具有一个主体性质、地位和作用。"国家治理体系"是包含共产党领导力在内的一个"力"的"四位一体"立体概念。"国家治理能力"是一个由 N 个"平行四边形"对角线形成的综合合力。我们的"现代化"不仅是对"近代化"的发展，更是"中国式的社会主义道路"。中国共产党的领导力不仅体现在行政的执政力上，也体现在"国家治理体系"的设计上，更体现在对国内国际局势发展的把控和对"国家治理理论"的创新上。

党的十八大以来，习近平总书记做出"中国共产党领导是中国特色社会主义最本质的特征，是中国特色社会主义制度的最大优势"的重大政治论断，这个论断深刻揭示了中国共产党领导与中国特色社会主义之间的内在统一性，深刻揭示了党的领导优势与中国特色社会主义制度优势之间的逻辑统一性，为我们深刻认识党的领导制度在国家制度和国家治理体系中的统领性地位提供了科学的理论指导。中国共产党十九届四中全会形成的《决议》同样具有这样一个逻辑概念。在"国家治理体系"中，"国家"明显具有一个主体性质、地位和作用。它虽然也涉及一个"怎么被治"的问题——谁来治它以及怎么治它，但主要还是一个"治理什么"的问题。与社会治理不同，"国家治理"本身是不能自治的，也不能顺其自然发展的——它首先需要"设计"。对中国特色社会主义来说，"设计"本身就是"领导"的最初体现形式——中国共产党"领导"人民并通过"人民当家作主制度体系"（主要由人民代表大会制度、中国共产党领导的多党合作和政治协商制度、民族区域自治制度和基层群众自治制度构成）来保障依法治国。目前，我们基本处在将"治理社会"与"社会治理"等同的状态，并且在很多时候又都是以"社会治理"来概括和包含"治理社会"的。其实，它们之间差距很大。"治理社会"既是自治的——是"社会治理"的，又是"他治"的——是"国家治理"的。它的关键在于，共产党究竟怎么"治国"和其究竟怎么"自治"。现在，对"党的自我治理"已经到一个不仅要"从严治党"而且还要"自我革命"的地步和程度。

　　"国家治理体系和治理能力现代化"的概念强调了"国家"在"治理"体系中的地位和作用——一种主动的主体性。这种重视和强调就已经具有了一种现代意识。古代重视的是"君主"的作用——"朕即国家"就很典型，近代注重的是"政府"的作用——政府代表和保障国家运转，现代强调的是"国家"的作用——在概念上，"国治"正在从一个"治国"状态中突起和脱离。党的十九届四中全会的《决议》已经在表明，党的领导能力和国家的治理能力正在日趋成熟；人民对中国共产党的领导力和国家的治理力的依赖程度也在与日俱增。这也反过来决定了必须完善和提高党的领导能力和国家的治理能力。

　　从《决议》中，我们看到了在中国共产党领导下的"国家治理体系"的框架结构。它由三层结构组成：一是治理制度，二是治理体系，三是治理能力。其中，在"治理制度"中，《决议》确定并强调了两个基本的"国家治理"制度：第一是"党的领导制度"，第二是"人民当家作主制度"。又在"治理体系"中，《决议》强调了十一个方面的治理结构：第一是法治体系，第二是行政体系，第三是经济体系，第四是文化体系，第五是生活保障体系，第六是社会治理体系，第七是生态文明体系，第八是军队体系，第九是"一国两制"体系，第十是外交体系，第十一是监督体系。而在"治理能力"方面，《决议》又强调了如下一些能力及其要求：第一是"治理能力必须现代化"的要求，而且列出了走"三步提高方案"；第二是"治理能力现代化"的内容要求——要形成"系统治理、依法治理、综合治理、源头治理""全球治理"的能力；第三是"执政能力"的标准要求——要达到一个"科学执政、民主执政、依法执政"的能力状态；第四是"行政能力"的表现要求，一定要在"推动""推进""管理""服务""负责""创新""坚持""完善"等方面表现出特有的力量；第五是"民主能力"的要求——要形成并加强"民主选举、民主决策、民主协商、民主管理、民主监督"的机理；第六是"合作能力"的要求；第七是

"制约能力"和"监督能力"的要求。还有更多细节性和细致性的能力要求需要挖掘和突破，更需要进一步发挥、发展和发力。

确立党的领导制度在国家制度和国家治理体系中的统领性地位，就是要用制度保证党始终成为中国特色社会主义事业的领导核心，保证全党全国人民在党的坚强领导下沿着正确方向不断前进。如果没有党的领导，国家治理就缺少了方向，制度执行就缺少了保障和力量。进入新时代，各种问题错综复杂，挑战越来越大，必须坚持和完善总揽全局、协调各方的党的领导制度体系，把党的政治领导、组织领导、思想领导、文化领导和理论领导以及实践指导落实到国家治理的各领域、各方面、各环节。

二、百年未有之大变局下坚持和完善党领导的国家治理体系

世界面临百年未有之大变局，国际局势风云际会，多方因素相互交织、相互激荡。《中共中央关于制定国民经济和社会发展第十四个五年规划和二〇三五年远景目标的建议》指出，"全党要统筹中华民族伟大复兴战略全局和世界百年未有之大变局，深刻认识我国社会主要矛盾变化带来的新特征新要求"。在此历史背景下，中国共产党人作为社会主义国家的执政者，作为秉承全心全意为人民服务的执政党，要不断提高国家治理的综合能力，包括国家能力、经济发展、社会建设、文化振兴、国际战略等各方面的治理能力，这不只是对国际变局新动向的追踪与把握，更是对国内治理新问题的改革与应对。

"国家治理体系"不仅是一个关系结构，还是一个发力系统。关系结构是静态的，但发力系统是动态的。不发力或者小发力和少发力的，就是一种形同虚设的官僚机构。其实，它是一个由各种"治理之力"的组合、结合、整合、契合、综合和融合体系的概念。它既是对制度的体现，又要落实在能力层面。当前，"国家治理体系"正面临强大的"世界百年未有之大变局"的挑战和考验。这个让我们为之一振的"大变局"对中国来说

既是一个"机遇"，更是一种"挑战"，但目前还不能算是一个"机会"。"机遇"正因为属于"偶遇"才具有极大的错失性、不确定性甚至是风险性。"机会总是留给有准备的人"，对于"世界百年未有之大变局"，中国共产党人只有把它从"机遇"变为"机会"，应对的成功概率才会有质的提升，才会出现不同质的局面。

即使是已经现代化了的"国家治理体系"，在运行过程中，也至多属于一辆"好车"的概念。但要把车开好，不仅要车好，更重要的是驾驶员的驾驶能力要更强更好。车再好，如果司机技术不好或者法律意识薄弱，照样也会碰车、撞车和翻车，甚至还会车毁人亡。而在现在的"国家治理体系"中，中国共产党就是"国家治理体系"这辆汽车的驾驶员。这个驾驶员不仅要准确领会"人民"这个主人的指令，还要通过自己熟练甚至精湛的驾驶技术安全地到达目的地。这不仅包含两个"治理制度"之间的"对角线"的合力问题，而且还包含两个制度之间的关系问题。党的十九届四中全会的《决议》已经有了新的表述：一个是"党的领导制度"，一个是"人民当家作主"。问题在于，怎么理解它们之间"对角线"的合力效果呢？要想这种效果持续、平稳和越来越好，就必须形成一种既可以使这两种治理制度有所区别但又使这两种制度密切联系和有机配合的合力。

要形成这个合力制度，首先要清楚认识"领导"与"作主"之间的不同。同时，还要进一步弄清楚"作主"与"做主"之间的不同。关键是，党在其中既要领导人民又要代表人民。在社会主义社会中，党和人民的关系已经由革命时期的"鱼水关系"变成了建设时期的"船水关系"——"水既可载舟，也可覆舟"。只有代表人民，才能领导人民，最后才能更好地服务人民。否则，执政党就会被人民无情地抛弃。但现实上，人们往往把"领导"既当作"作主"又当作"做主"。其实，它们的内涵是虽有联系但各有侧重的，并且是不可以互为代替的。"合力"是指同心协力，共同出力。力量的方向是一致的，并且不可替代和抵消。根据力的平行四边形法则，"两个力合成时，以表示这两个力的线段为邻边作平行四边形，这两个邻边之间的对角线就代表合力的大小和方向"，形成合力的大小取决于各个合力之间的"合理"程度。这种"理"主要是指"顺序""节奏""程序""机理""机制"和"制度"的相契合，同时也是理顺的过程和状态。其中，"制度"是最高的境界和状态。"制度"不仅是条文，还要包含丰富的内涵。

我国既是中国共产党领导的国家，又是工人阶级领导的社会主义国家。"中国共产党是中国工人阶级的先锋队，同时是中国人民和中华民族的先锋队。"习近平总书记深刻指出："人民是共和国的坚实根基，是党执政的最大底气。"脱离群众，党的领导就会悬空，党就会失去力量、失去生命力。人民代表大会制度是人民主体地位的制度保障。人民代表大会制度是中国人民在中国共产党的领导下，在寻求民族独立、国家富强的长期革命、建设和改革开放实践中产生和发展起来的，反映了近现代中国社会发展进步的要求，集中体现了中国特色社会主义民主政治的特点和优势。

在当代中国，实现人民当家作主最根本、最重要的就是：一方面，保障、实现和扩大人民群众的权利与自由，因为只有权利与自由得到保障，蕴藏于人民群众中的积极性、主动性和创造性才能得以发挥；另一方面，国家权力又要相对集中，因为只有集中权力，才能统筹兼顾，实现跨越式发展。我国的人民代表大会制度正好能够满足中国社会发展这两方面的现实需要。中国共产党又是"工人阶级"这个"领导"力量的"领导核心"。领导核心代表的是"中国最广大人民的根本利益"，如此才能有力量，才能应对世界百年未有之大变局下的各种风险与挑战。

三、党领导下的"中国式现代化新道路"

2021年7月1日，习近平总书记在庆祝中国共产党成立100周年大会上的讲话指出："我们坚持和发展中国特色社会主义，推动物质文明、政治文明、精神文明、社会文明、生态文明协调发展，创造了中国式现代化新道路，创造了人类文明新形态。"中国共产党团结带领人民创造中国式现代化新道路的历程，是艰辛探索和不断创新的过程。这条道路既遵循现代化建设的一般规律，又具有鲜明的中国特色。中国式现代化新道路，"新"首先就新在政治上坚持中国共产党领导，发展全过程人民民主，保证人民当家作主。2021年11月，党的十九届六中全会审议通过的《中共中央关于党的百年奋斗重大成就和历史经验的决议》也指出："党领导人民成功走出中国式现代化道路，创造了人类文明新形态，拓展了发展中国家走向现代化的途径，给世界上那些既希望加快发展又希望保持自身独立性的国家和民族提供了全新选择。"

中国式现代化新道路重要的一环在于国家治理现代化，2013年，在党的十八大上，党中央就提出了要推进"国家治理体系和治理能力现代化"。这个概念的提出当时就激起了无数的思想"浪花"。为此，什么是"现代化"的问题，就异常突出甚至尖锐。大家以为，"现代化"已是一个显然的确定概念，其实它是一个潜在的不确定的还在继续发酵的概念，至今依然还是一个众说纷纭、莫衷一是的概念及问题。还有一种理解，目前给予关注的人还不是很多。当前，"现代化"的话语框架主要来自以美国为主的西方国家。但我们讲的"现代化"是"中国式"的现代化，也就是我们的"现代化"与"社会主义"联系在一起的。也因此，党的二十大报告中指出，"中国式现代化走得通、行得稳，是强国建设、民族复兴的唯一正确道路"，并明确提出了"中国式现代化"的五大特征，即"人口规模巨大的现代化、全体人民共同富裕的现代化、物质文明和精神文明相协调的现代化、人与自然和谐共生的现代化、走和平发展道路的现代化"①。这表明习近平总书记对中国式现代化的一系列重大理论和实践问题进行了系统

---

① 习近平. 高举中国特色社会主义伟大旗帜　为全面建设社会主义现代化国家而团结奋斗 [M]. 北京：人民出版社，2022：22-23.

阐述，也深刻揭示了"现代化"和"社会主义"的紧密关系。

1983 年 6 月 18 日，邓小平会见参加北京科学技术政策讨论会的外籍专家。在谈到中国建设道路时，邓小平指出："我们搞的现代化，是中国式的现代化。我们建设的社会主义，是有中国特色的社会主义。我们主要是根据自己的实际情况和自己的条件，以自力更生为主。"① 社会主义现代化建设是我们当前最大的政治。这是从社会主义社会的根本目的和根本任务的视角，对政治、经济及其关系的再认识、新论断。

"现代"这个时代是一个整体、综合和融合思维的时代。从现代思维看"社会主义"，它还有一种"社会主义"是对"资本主义"的发展的理解。对"社会主义"的理解，不仅可以理解为它是一种意识形态，还可以理解为它是一种"社会运行方式"——这是一种把"社会"当作一个整体来看待，并且这个整体是一个系统化运行与和谐化发展的状态。为什么可以这么说呢？因为如果把封建社会当作古代社会的话，那么资本主义就是一个近代社会概念。而在西方的话语体系中，它在"近代""现代"上的概念是不分的，都是一个"modern"的单词概念。但在中国的话语体系中，"近代"与"现代"还是明显地具有不同的时代感的。所以，西方社会至今其实还只在一个近代概念中生活和生产，而没有进入一个现代概念状态。或者说，在西方人的意识中，现在还是一个"近代"与"现代"相混淆的概念状态。但现在又是一个几种社会形态同时并存的时代。而且，随着发展，可以同时并存的社会形态还会越来越多，也就还会越来越复杂。所以，"社会主义"既是一个国体概念，也可以看作一个社会运行的方式方法概念。

现实对"国家治理体系现代化"的研究中有一个现象值得注意。人们一般注重其中的"国家治理体系"的研究，而对其中"现代化"的研究不

---

① 邓小平. 邓小平文选：第三卷［M］. 北京：人民出版社，1993：29.

是没有给予足够的重视，就是即使给予重视了也是把它与"近代化"相混淆的重视。其实，这个"现代化"与"近代化"是不同的。"现代化"虽然与"近代化"有着千丝万缕的联系，甚至"现代化"就是从"近代化"发展而来的，但应该看到，"现代化"与"近代化"无论任务、目标、标准和境界都是各不相同的。

要看到，"五位一体"——经济建设、政治建设、文化建设、社会建设、生态文明建设——党的十八大对"新时代"的总布局，已经具有极强的超越"社会主义"的意识。"社会主义"是人类社会整体发展的状态。之前人类发展的社会形态都是一个要素社会，如奴隶社会就是一个以劳动力为核心要素的社会，封建社会就是一个以土地为核心要素的社会，资本主义社会就是一个以资本、资产、资金和金钱为核心要素的社会。而社会主义社会就是一个以社会为核心要素的社会，是一个包含劳动力要素、土地要素和资本要素并且还包括很多次要要素然后一起综合化学反应的社会。但同时要看到，二战后资本主义的发展实际上已经进入一个"准社会化"的状态——所有制还是"私有制"，但社会运行方式方法已经接近于"社会化"的一种状态。

社会治理现代化是中国式现代化题中应有之义。现代化的本质是人类社会在政治、经济、文化、社会、生态、文明等多个方面不断提升的一个过程，它涉及社会发展的方方面面和各个领域。作为"五位一体"总体布局的重要内容，关于社会建设水平、社会治理能力的目标和要求早已融入国家总体规划和布局中。党的十九届三中全会从党和国家战略全局高度把"坚持和完善共建共治共享的社会治理制度"作为坚持和完善中国特色社会制度的重要组成部分，党的十九届五中全会将"国家治理效能得到新提升""社会治理特别是基层治理水平明显提高"作为"十四五规划"时期全面建设社会主义现代化国家的重要目标之一。在党的领导下，不断推进社会治理现代化，提升社会治理水平，夯实中国式现代化新道路的基础。

从另一方面来说，社会治理现代化也深刻体现了中国式现代化与时俱进的时代性和实践性品格。社会治理现代化是从理念、工作布局、体制、方式、能力等全方位的现代化，其具体目标、任务和实践过程始终彰显了坚持党的领导、坚持以人民为中心、坚持依法治理、共建共治共享、促进人的全面发展等中国治理特色，这是中国式现代化的具体体现。

由此可见，中国共产党要实现"国家治理体系和治理能力现代化"还是一个巨大的挑战，这种挑战伴随"世界百年未有之大变局"而具有了更大的风险性。问题在于，我们又必须迎接挑战，在迎接挑战中，有无数个可以选择的可能。党的十九届五中全会开启了"全面建设社会主义现代化国家新征程"，面对社会主要矛盾的变化、面对中国经济由高速增长阶段向高质量发展阶段的转型、面对人民对美好生活的新期待、面对错综复杂的国际国内环境带来的新矛盾新挑战，社会治理现代化也必然要进入新阶段。这就要求坚持和加强党的全面领导，进一步贯彻落实党的十九届五中全会精神和习近平总书记关于社会治理现代化的新理念、新思想、新战略，保证国家治理现代化坚持社会主义方向，凝聚国家治理现代化的力量源泉，创新和丰富国家治理的理念和经验，推进基层治理现代化高质量发展。

"办好中国的事情，关键在党。"走好中国式现代化新道路，必须坚持中国共产党的领导。只有坚持中国共产党的领导，才能确保中国式现代化新道路不会跑偏，才能凝聚人心，更好地团结14亿多人民以昂扬的斗志投入民族复兴中去。

第三节 以人民为中心：国家治理现代化的不竭动力

"治国有常，而利民为本。"人民是共和国的坚实根基，是我们党执政的最大底气。坚持以人民为中心加强和完善国家治理，更好地满足人民日益增长的美好生活需要，充分激发蕴藏在人民中的创造伟力，就能确保国家长治久安、人民安居乐业。2019年11月，习近平总书记在上海考察时，提出"城市是人民的城市，人民城市为人民"，强调"人民城市人民建，人民城市为人民"。人民城市建设的重要理念强调城市治理要以人民为中心，这既是党的宗旨在城市场域的体现，也是中国特色超大城市治理最重要的理念。坚持人民当家作主，发展人民民主，密切联系群众，紧紧依靠人民推动国家发展，是我国国家制度和国家治理体系的一大显著优势。

一、一切为了人民

2021年11月党的十九届六中全会通过的《中共中央关于党的百年奋斗重大成就和历史经验的决议》指出："中国共产党自一九二一年成立以来，始终把为中国人民谋幸福、为中华民族谋复兴作为自己的初心使命，始终坚持共产主义理想和社会主义信念，团结带领全国各族人民为争取民族独立、人民解放和实现国家富强、人民幸福而不懈奋斗，已经走过一百年光辉历程。"实际上，从1944年毛泽东提出"为人民服务"到1949年确定国名"中华人民共和国"，都体现了一种"人民"的主体性和"为民"的结果效果性。那么，什么才是一个"为民"系统呢？从"为人民服务"到"三个有利于"之一"是否有利于提高人民的生活水平"，再到"'三个代表'重要思想"中一个"代表最广大人民的根本利益"，再到"科学发展观"中的要"权为民所用、情为民所系、利为民所谋"，再到党的十八大闭幕后习近平总书记在与中外记者见面的演讲中提到19次"人民"和党的十九届四中全会《决议》把"人民当家作主"作为"国家治理体系"两大重大制度之一这一过程可以看出，中国共产党的"领导能力"正在发生跨越式的变化和发展。所以，党是领导力。但领导力是一种驾驭力。"领导"不仅是一种制度，还是一种体系，更是一种能力。其结果是一种发生和发展的力量。

我们党自成立以来的宗旨就是"全心全意为人民服务"。"共产党"既不是一个一般"党"的概念，也不是一个一般"政党"的概念。应该看到，"党"的概念本来就是变化和发展的。"党"经历了一个古代、近代和现代的发展历程。古代是一个"朋党"概念，近代是一个"Party"即"部分人"的概念，只有现代才是一个具有明确政治目标以及严密组织性和严明纪律性的概念。我们中国共产党是一个"现代"党。这个现代的理论产生于马克思主义，形成于列宁主义，成形于新时代中国特色社会主义。中国革命时期的共产党基本上还属于一个具有"革命性"的近代党。现代共产党的考验不仅在于贫穷和落后，更在于富裕和发展，为了人民、依靠人民才走到了今天。全心全意为人民服务是党的唯一宗旨。

"党的根基在人民、血脉在人民、力量在人民，人民是党执政兴国的最大底气。民心是最大的政治，正义是最强的力量。党的最大政治优势是密切联系群众，党执政后的最大危险是脱离群众。"我国社会治理一直致力于建设一个人民安居乐业、充满公平正义、保障水平高、社会矛盾少、稳定与活力并存、和谐有序的社会主义社会，努力增强人民群众的获得感、幸福感和安全感。新时代的基层治理中，加强党的领导包含基层党组织自身建设，同时也包含加强党组织对基层政府、企事业单位、社会组织、城乡社区的指导，同时更重要的是要创新党的领导，创新基层党组织的建设路径和领导基层的方式方法。

2021年4月，《中共中央国务院关于加强基层治理体系和治理能力现代化的意见》已经定下未来的主要目标："党建引领基层治理机制全面完善，基层政权坚强有力，基层群众自治充满活力，基层公共服务精准高效，党的执政基础更加坚实，基层治理体系和治理能力现代化水平明显提高。在此基础上力争再用10年时间，基本实现基层治理体系和治理能力现代化，中国特色基层治理制度优势充分展现。"目标已经制定，那么完成这个目标就要找到基层。

"基层"在哪里？实际上，千千万万生活在社区的人民群众就组成了这一个个"基层"。有专家认为当前的基层治理不等于社区治理，因为基层是"从人的聚合性出发，基层不仅仅是一种地理空间的特定场域，而是一种兼具价值观、情感、感受、态度等聚合而成的'情感共同体'"①。在当前流动频繁及多元化的社会中，这种界定确实更加符合开放性、跨空间、跨组织的广大基层群众。然而，"群众路线"也好，"基层群众自治制度"也好，都是为了提升治理能力，是让广大人民美好生活的获得感、幸福感和安全感提升的重要抓手。这就要求要完善党全面领导基层治理制度；坚持党组织领导基层群众性自治组织的制度和智慧治理能力建设；提升基层党员、干部法治素养，引导群众积极参与、依法支持和配合基层治理，不断加强党在基层政权治理能力建设。从具体要求上看，各级党委和政府要加强对基层治理的组织领导，完善议事协调机制，强化统筹协调，定期研究基层治理工作，整体谋划城乡社区建设、治理和服务，及时帮助基层解决困难和问题。

《中国共产党章程》规定：中国共产党是中国工人阶级的先锋队，是中国人民和中华民族的先锋队。当前，社会运行和发展的速度越来越快，这种发展速度也在发生化学变化，使其越来越不可控，也越来越不确定。对"社会管理者"来说，中国的概念也在变化。在不同的历史时期，对"社会管理者"的称呼也是发展变化的，它在古代被称为"官"，在新中国成立前40年中，它被称为"干部"，而自29年前它又被称为"公务员"。"公务员"体现了"干事"概念。习近平总书记经常提到"我是人民的勤务员"，他就特别注重"干事"。而"公务员"的性质就是"务公"，就是特指"干公务事情"的人。要在干事中发现问题，解决问题。习近平总书

---

① 马卫红，喻君瑶. 何谓基层？[J]. 治理研究，2020（6）：66-72.

记还是中共浙江省委书记的时候就对党员干部提出了"干在实处，走在前列"和"干事干净"的要求。这是对"党的领导"的最形象化的描述和表达。

党员干部扎根基层、服务基层，是我党的历史决定的。共产党诞生于民族危难之时，扎根于最深的土地之中，工人、农民以及其他仁人志士一起形成了这个最坚实的同盟，可以说中国共产党的生命力来自人民，党和人民站在一起，才能永葆活力。人民群众在基层，基层不是一片泥泞的田地，也不是用数据堆砌而成的文字汇报，基层代表的是群众，是广大人民群众的心声。

二、一切依靠人民

中国共产党来自人民、植根人民，始终坚持一切为了人民、一切依靠人民。一切依靠人民，是马克思主义唯物史观的根本观点，也是中国共产党人在长期斗争实践中证明了的科学真理。"党之所以能够领导人民在一次次求索、一次次挫折、一次次开拓中完成中国其他各种政治力量不可能完成的艰巨任务，根本在于坚持解放思想、实事求是、与时俱进、求真务实。"

习近平总书记深刻指出："无论是中国共产党执政，还是国家机关施政，都必须坚持贯彻群众路线，紧紧依靠人民。"① 党和国家事业的成果，靠的就是始终保持同人民群众的血肉联系、代表最广大人民的根本利益。2019 年年底至 2020 年年初，面对突如其来的严重疫情，党中央统揽全局、果断决策，中国人民风雨同舟、众志成城，取得抗疫斗争重大战略成果。"抗击新冠肺炎疫情斗争取得重大战略成果，充分展现了中国共产党领导和我国社会主义制度的显著优势，充分展现了中国人民和中华民族的伟大

---

① 习近平. 在庆祝中国人民政治协商会议成立 65 周年大会上的讲话［N］. 人民日报，2014-09-22（02）.

力量，充分展现了中华文明的深厚底蕴，充分展现了中国负责任大国的自觉担当，极大增强了全党全国各族人民的自信心和自豪感、凝聚力和向心力，必将激励我们在新时代新征程上披荆斩棘、奋勇前进。"习近平总书记在全国抗击新冠肺炎疫情表彰大会上的重要讲话就强调了人民的伟大力量。"战胜这次疫情，给我们力量和信心的是中国人民。"实践再次雄辩地证明，人民才是真正的英雄。

一切依靠人民，是中国制度优势和国家治理体系的最本质体现。一个国家选择什么样的社会制度和国家治理体系，是由这个国家的历史文化、社会性质、经济社会发展水平决定的；一个国家的社会制度和国家治理体系是否有效，能否有效发挥推进社会发展、造福本国人民的作用，归根结底取决于人民群众接受与满意这一社会制度和国家治理体系的程度。中国特色社会主义制度和国家治理体系不是天上掉下来的，而是在中国的社会土壤中生长起来的，是经过革命、建设、改革长期实践形成的。中国特色社会主义理论与制度的完善就是我们党紧紧依靠人民，从人民群众中凝聚力量、汲取智慧而逐步形成和发展起来的。离开基层，离开人民群众丰富多彩的实践活动和创造，就不可能有中国特色社会主义理论博大精深的鲜活内容，不可能有中国特色社会主义制度的不断完善，也不可能有国家治理体系和治理能力的提升。

中国这条巨轮一定要有一个驾驶团队，这要求中国共产党应该具有和提高应对"世界百年未有之大变局"的领导和领航的能力，而这种能力的源泉就是人民。

一切依靠人民，是进一步完善和发展中国特色社会主义制度，把我国制度优势更好转化为国家治理效能的关键所在。制度需要在改革中不断完善和发展，更需要严格遵守和执行。无论是制度的完善和发展，还是制度的遵守和执行，都离不开"人"这个核心要素。当前，要密切适应新时代人民群众日益增长的美好生活需要，深入推进治理制度的改革，切实解决好治理制度建设方面"不平衡发展"和"不充分发展"的问题，把"一切依靠人民"切实贯彻到治国理政的各项根本制度、基本制度、重要制度完善发展的全部过程之中。

三、坚持人民至上是党的初心和使命

人民至上，就是坚持以人民为中心，依靠人民开创历史伟业，带领人民创造美好生活。习近平同志不论是在基层、地方工作，还是在中央工作，都十分重视以人民为中心，亲民、爱民、关心人民的疾苦。始终坚持人民至上理念是党和国家事业取得成功的宝贵经验。党的十九届六中全会《决议》中提炼的十条历史经验，第一条是"坚持党的领导"，第二条就是"坚持人民至上"。

党的初心和使命就是为人民谋幸福。党的十九大报告明确指出："中国共产党人的初心和使命，就是为中国人民谋幸福，为中华民族谋复兴。"马克思主义唯物史观认为，人是社会历史的创造者，人类社会一切活动的根本目的是人的发展。中国共产党一成立，就把人民立场作为根本政治立场，把人民利益摆在最高地位，把全心全意为人民服务确立为党的根本宗旨。中国共产党在过去的岁月中，不仅取得了新民主主义革命的胜利，"打下了江山"，而且还让中国在短短的 70 年中基本完成了"站起来"和"富起来"的任务，现在已经进入"强起来"任务的时代。在新时代中，更需要既能脱贫致富又能富强起来的能力。能力要有力量的保障，人民至上的力量就是我们党执政兴国的无穷力量之源。

无穷的力量其实就是"水"。老子在《道德经》里已经把"水"推崇备至，到了一个无以复加的地步：上善若水。"水"力大无穷，可以排山倒海，所向披靡，冲刷一切污泥浊水；水柔情万种，厚德载物，既亲和又亲切，既孕育生命又养育生命；水刀劈不断，火烧不尽；水更是具有适应性和变化性，不仅可以适应各种地形地貌，还可以适应各种需求，又可以

变化自己的形态——既可以为固体冰，也可以为液体水，还可以为气体汽。中国共产党的"领导能力"是一种对"水"的适应性。这种"水性"实际又是对人民那种"既可载舟又可覆舟"的驾驭。现代的"领导力"概念已经超越了"要素层次""线性层次"甚至是"面性层次"而具有一种综合性。一般包含如下一些能力，如洞察力、前瞻力、代表力、凝聚力、智慧力、责任力、动员力、组织力、亲和力等。常见朴素，但力量无穷。

习近平总书记强调："我们的目标很宏伟，但也很朴素，归根结底就是让全体中国人都过上更好的日子。"无论是决战脱贫攻坚决胜全面建成小康社会，还是坚持"人民至上、生命至上"打赢疫情防控阻击战，习近平总书记都对人民利益尽心尽责，与人民心心相印、同甘共苦，彰显着"我将无我、不负人民"的使命担当和情怀。他指出："人民是历史的创造者，群众是真正的英雄。人民群众是我们力量的源泉。""党代表中国最广大人民的根本利益，没有任何自己特殊的利益，从来不代表任何利益集团、任何权势团体、任何特权阶层的利益，这是党立于不败之地的根本所在。"要尊重人民群众、依靠人民群众，没有人民群众的信任和支持，一切发展将无从谈起。以人民为师，从人民群众中汲取智慧和力量。

当前，要在习近平新时代中国特色社会主义思想的指导下提升党的全面领导力。李君如提出，中国共产党的全面领导视阈下的领导力，主要体现在六个方面：制度运行力、战略决策力、社会动员力、资源配置力、统筹协调力、组织保障力。① 党的十九届三中全会根据党的十九大的战略部署通过的《关于深化党和国家机构改革的决定》以及相配套的《深化党和国家机构改革方案》，强调要"以加强党的全面领导为统领，以国家治理体系和治理能力现代化为导向"。这是由我们的制度特点所决定的，即中国特色社会主义最本质的特征就是中国共产党的领导，中国特色社会主义

---

① 李君如. 从"全面领导"看中国共产党领导力 [N]. 北京日报，2018-08-20 (10).

制度的最大优势也是中国共产党的领导。

　　作为马克思主义政党，中国共产党始终把为中国人民谋幸福、为中华民族谋复兴作为自己的初心使命。当前，治国理政的重心在基层，难点在基层，活力也在基层。坚持人民至上的理念，破解基层治理的"小事"，把人民群众的小事当作自己的大事，从人民群众关心的事情做起，才能提升百姓幸福感、获得感，才能"唤起工农千百万，同心干"，凝聚起不断创造历史伟业的磅礴力量。

第二章　公共：国家治理体系与能力现代化的现实要求

公共性是公共领域、公权领域的属性或原则，更是其价值旨归。公共性与国家治理能力有密切的关联，两者之间是相互推动的关系。在中国国家治理现代化的视域中，创造更加丰富多彩的公共服务应当成为中国共产党治国理政的重要内容。当代中国社会主要矛盾已经转化为人民日益增长的美好生活需要和不平衡不充分的发展之间的矛盾。在当前和未来的中国发展进程中，要着力解决发展中的不平衡与不充分问题，努力加强社会全体人民的公共服务，能够更好彰显社会公平正义，更好凸显其公平性和公共性，更好造福所有社会成员。

第一节　社会治理与公共性的发展

人类最早关注此话题是在进入近代之后的事情，特别是由工业化的过程和进程带来的。它起初往往是与社会问题混杂在一起的，甚至还是与社会问题相伴相生的。商品贸易化打破了社会的一种封闭状态，而工业化又打乱了传统社会的秩序状态，随之社会问题应运而生了，于是社会建设的需要也在悄然之中酝酿而成了。

一、人类对公共社会发展早有研究

应该说，人类对公共性的重视还是近期的事情，历史还没有逾百年，但对社会性的重视至今却已有 200 余年的历史。人类在很长时间重视的是自然性。对公共性进行理论研究是 20 世纪人类在理论上的重大贡献。而对社会性进行研究则是人类在 18、19 世纪的一个思想突破，但这种研究的突破还只是局限在理论层面，还没有全面和系统地与社会建设联系在一起。即使到目前，它还只是局限在定性的研究和论述上，也还没有进入定量的检测和评估上。

1. 国外的研究已经进入"共同"层面

重视社会建设，是人类进入 20 世纪后的一个突破，但目标还没有明确，与社会的公共性发展还没有紧密结合。在西方社会，思想界和学术界一般只是对"public"重视并展开研究，如阿伦特和哈贝马斯在 20 世纪 50 至 60 年代的"public sphere"概念和理念。但从"public"加"Re"变为"Republic"即"共和国"可知，国外至今对所谓的"公共性"的研究还只有"共性"而没有"公"。虽然在 20 世纪 60 至 70 年代曾经有过一段大"公共"思潮运动，但在进入 20 世纪 80 年代后就逐渐消退了。在西方，继"新公共管理"之后，公共部门管理进入了所谓的"后新公共管理""（新）公共治理"或"公共价值管理"时代，出现了诸如"（新）公共治理"或"新治理""合作治理""网络治理""数字化治理""整体化治理"一类的"新"模式。① 但西方建设社会的内容还只是停留在社会的共同性上，而实际的情况是社会运行已经把"共同性"发展提升为"公共性"，学术界至今还没有从一个"公"和"共"及其"合力"的角度去梳

---

① 陈振明. 中国特色公共管理学科的建构［N］. 人民日报，2018-06-11（16）.

理、进入和展开。

2. 我国的研究仍在"社会"层次

推动经济社会发展，管理社会事务，服务人民群众实质上就是对"公共"的人、事、关系、资源等进行的一种合理安排。习近平总书记指出："我国国家治理的一切工作和活动都依照中国特色社会主义制度展开。"中国特色"公共"治理必须突出对"公共管理或公共治理的制度前提""坚持党的全面领导制度""把制度优势转化为治理效能""强化制度执行力""深化行政体制改革""建设人民满意的服务型政府"，以及经济、政治、文化、社会、生态文明建设和党的建设等各领域的体制机制改革等一系列问题的研究。

然而，中国社会在这方面的研究和实践在进度和程度上是有所不同的，虽然在提法和概念上已有"公"和"共"，但却是在"社会性"上推进的，实际应该把二者结合起来进行研究。然而，这个研究至今还没有见到一些成熟和系统的成果。哲学思考虽然早就开始了，但受西方学术的影响，其思考一般还只是局限在西方的"public"的范围内，而没有进入一个"com"层面。国内对"公共"的认识至今受国外"public"的影响，注重的依然是"相同性"和"共同性"，而没有超越"相同性"和"共同性"的"com"性即"公共性"。而国内对"公共性"的思考进入新阶段是2003年，由"非典"事件的深刻理解所形成的。2019年年底至2020年年初的新冠疫情，让国内外各界对于"公共性"的理解有了质的飞跃，让人们深度体验，人与人如何在一个公共社会中彼此关联，意识到"公共"的重要性。党的十九届四中全会将"加强公共卫生服务体系建设、及时稳妥处置重大新发突发传染病作为治理体系和治理能力现代化的重要目标和任务；强调预防为主，加强公共卫生防疫和重大传染病防控，稳步发展公共卫生服务体系"① 作为未来发展的重大目标。这些都是我们对"公共"中既有"公"又有"共"的全面性、总体性的深刻认识。当前，国内已经把社会建设与公共性发展有机联系起来，这将迎来对"公共社会"建设的新阶段。

3. 当下的研究必须运用整体思维深入研究

当今世界正在被社会化了的社会性和公共性的浪潮所裹挟。而从社会化的视角对公共性及其性质和发展进行研究，是一个全新的尝试。清华大学的王名教授提出：公共利益决定社会治理的公共性。他认为社会治理的公共性具体表现在四个方面：一是社会治理同时具有公共管理和公共服务的属性，因此，需要党委领导和政府负责，需要大量公共资源的投入和必要公权力的介入；二是社会治理具有主体多元、过程开放、领域广泛等特征，需要来自党和政府、社会各界、上下各层级的多元、广泛、持续和深入的参与，以及自上而下、自下而上各向度的交流和东西南北中各方面的网络化合作；三是社会治理具有跨界协动特征，一些问题往往不是单一部门或系统所能化解的，需突破主体的边界和局限，用跨界的思路、跨界的方法、跨界的机制进行协商对话、协调互动、协力共治；四是社会治理具有共生共在的一体化特征，整个过程及系统并非简单的拼装组合，通常具有不可分割性，各环节、各主体相互影响，因而，围绕社会治理所展开的相关问题，必然达成多元主体之间共建共治共享的深度合作与广泛融合。②

实际上，人民的美好生活以经济发展和民生改善作为前提，以高质量的公共服务供给作为保障。民生是人民最大的福祉，公共服务是保障和改善民生的载体，是人民获得感、幸福感和安全感的支撑。当前，公共服务需求的全面增长与高质量公共服务供给的不足，构成了公共服务与民生改善中的一个突出矛盾，这是满足人民日益增长的美好生活需要的制约因

---

① 习近平. 习近平谈治国理政：第4卷［M］，北京：外文出版社，2022.

② 王名. 公共利益决定社会治理的公共性［N］. 文摘报，2019-09-17（06）.

素。另外，运用新技术进行的"公共"事务治理也日益提上日程。必须高度重视公共治理的行为、实验、模拟、预测和数据驱动与智能化技术、虚拟技术（数据挖掘、现实挖掘、虚拟现实、增强现实、机器学习等）的应用，增强"公共"议题研究的科学性。

党的十八大之后，各地积极探索"党委领导、政府负责、社会协同、公众参与、法治保障"的基层治理新模式。社区治理属于基层治理的范畴，当代社区不断扩展公共职能，成为公共服务供给网络中的重要力量。社区治理涉及社区公共事务与社区服务的供给及其合作网络的治理。探索党组织领导的自治、法治、德治相结合的基层治理体系，构建符合新时代要求的基层社会治理共同体，是过去更是未来基层治理以及社区治理研究的重大课题。

二、公共社会的理论价值和应用价值

关于"公共"的研究在学理和实际运用上都能够审时度势，逐步加深对社会治理的理解和实践。

1. 有助于认清社会公共性的发展轨迹

通过分析和归纳社会公共性的发展轨迹和规律，既可以为改革政府的公共管理体制，科学地界定政府职能，实现政府的角色定位和规范政府行为范式提供参考思路，也可以为解决公共性问题和开展公共服务工作提供咨询方案。特别要通过揭示公共性问题形成的机理和机制，为创新我国公共产品的供给机制，建设和完善社会主义的公共服务体制奠定必需的理论基础。

2. 有助于明确社会公共性的发展程度

通过对社会公共性发展潮流和程度的把握，可以为政府在"十四五"期间和更远的将来确立公共管理和公共服务的内容、重心和机制，为进一步改革和完善政府公共体系提供方向和方案。但目前的"公共性"运行和

发展一般是处于潜在状态的，至多是到了一个"准显在状态"，不少还只在理念层面，尚未落到实际和实践层次，这就对"共享"新理念的运用缺乏思维上的创新。不理解"公共"性就无法全面深入理解新理念甚至"五位一体"的治国理政内涵，所以，要对现实的公共性发展的进度、程度和地步进行界定、确定和把握，特别是要对公共性做定性和定量上的把握，这对"共享"理念在中国特色社会主义道路的运用有着指南性的作用。

3. 有助于提高人们公共意识的基本导向

通过对公共性问题的重视、思考和解决，可以消除社会在公共性运行和发展过程中带来的各种潜在和潜伏的危机，以增强社会的公共安全性能和程度，从而能够有效应对如"非典""新冠疫情"等公共卫生事件，健全统一的应急物资保障体系，强化公共安全保障。

当前社会治理有序推进，取得了不少成果，但人们的不满情绪却有所发展。其原因就在于相比人们的公共性意识的发展和提高，现实的公共性保障明显还滞后。但也要看到，群众的这种"不满"本身也是一种促进"能源"，也是可以产生能量和动力的。"问题是时代的口号"，群众的呼声是对现实提出的更高要求。通过形成和提高公共意识，可以增进社会公共生活的有序性，促进社会公共事业发展，有利于公共文化素养的培育和发展。

第二节 从"公共社会"到"人民社会"

"社会"一词本身就有"公共"的内涵。社会主义社会更加强调整体发展和全体人民的利益，这个利益更多的是"公共利益"而非个人私利。建设公共社会，首先需要有公共意识，当前"公共"意识还不够。放到社区里，社区治理的主要就是居民在社区内的"公共"事务，有交集的大事小情。"公共"里有"人民"这个整体才能公平公正地解决问题，才能均等化发展。因此，我们需要在建设"公共社会"中走向"人民社会"。

一、"公共性"的基本认识

早在 20 世纪初，人类社会的公共性进展和发展就已经很显著了，虽然早在第二次世界大战结束后，西方社会就在实际推动社会的公共性发展了，并且还在制度层面推动和保护公共性的运行、发展和提高，但直至 21 世纪初才被人认识到其中包含不可扭转的"公共性"的社会运行和发展的势头。由此形成了如下对"公共性"的一些基本认识：

1. "公共性"是一种属性

学术界和理论界对"公共性"早已有所提及和零散研究。关键是，这个概念是一个翻译词，是对"public"的翻译，就受到"public"局限的影响，是一种比较注重"共"而轻视"公"的状态。而中文实际的"公共性"却是指"公性"和"共性"并重、组合与混合且平等和平衡的。从本质属性上看，"公共性"既是建立在"社会性"基础上的，又是提升甚至超越"社会性"的，是针对甚至反对私下性、隐私性和自私性的一种状态，它又是具有压抑私欲和鼓励与保障个性发展功能的。对人类来说，它其实更多地具有一种未来性。

2. "公共性"是一种进程

"公共性"其实一直是在人类社会中孕育的，只是在初期是一个很小的核心而已。不仅如此，在 20 世纪前，"公共性"的发展一直是处于一个自然的社会运行和发展的历史过程之中，是蕴含在"社会性"中的。从它起初的贸易化到之后的战争化，再到后来的工业化、产业化、电子化、信息化和网络化的这个过程中可以清晰地看到一个由少到多、由小到大、由弱到强、由潜到显的演化和进化过程，只是人类发展的这个过程在进入网络时代后特别是到 21 世纪后发生了化学反应，并且持续出现了质变和突变，形成了一股"公共性"的浪潮，挑战了人们接受和应对"公共性"质变和突变的能力。

3."公共性"是一种程度

经过化学反应后的"公共性"不仅程度和浓度会突然增高，而且秩序和程序还会混乱。当前，世界性的三大潮流，即经济全球化、信息网络化和政治民主化，致使人类社会的"公共性"程度被"反裹挟"而处于一种非理性化的状态之中，几乎是触及每一个方面、渗透每一个角落和裹挟了每一个人。但同时又看到，社会的"公共性"在不同领域、不同方面、不同地区、不同层面、不同部门和单位里存在着程度上的差异。而对不同省份和部门的社会"公共性"程度的定量检测，可以成为"公共管理"主要的依据。

4."公共性"是一种问题

"公共性"是一种高于"社会性"的社会思潮和浪潮。当"公共性"思潮和浪潮突然涌来的时候，"公共性"就成了一种社会问题，缺少处理"公共"事务能力的人对此难以适应。而形成这类社会问题的原因是多方面的，特别是由于政治民主化运动引起了人们公共意识的提高是一个非常重要的方面。应该说，当前大多数的社会性事件是由"公共性"问题引发的。这与过去一段时间未及时应对因过于强调"私人性"和"私密性"而出现的问题密切相关。网络时代又促使"公共性"问题广泛和快速传播。在治理上，从公共性角度的思考和对策又显得十分不足和无力。于是，"公共性"问题严重裹挟了我们的社会：由网络存在及其运行引发的、由经济利益引发的、由政治权力引发的以及三类因素互动所形成的综合性的公共问题正在激烈地冲击着我们的社会及生活在社会中的人们。要依据不同的标准对"公共性"问题做出划分，包括硬性问题和软性问题，良性问题与恶性问题，等等。然后再据此分别对策，使问题朝着缓和的方向发展，最终得以缓解和瓦解。

5. "公共性"是一种对策

"公共性"问题要得以彻底解决必须要用"公共性"的对策。而"公共性"对策的基本思路是，遵循公共化、理性化和秩序化的原则，建立公共设施，完善公共制度，通过公共政策的引导使得"公共性"的问题朝一个良性的方向运行和发展。同时，要明白，社会的"公共性"运行和发展是人类社会的历史潮流，是只能"疏"而不能"堵"的，更不能"催生"的，应该是循序渐进和逐步发展的，否则是很容易陷入规模性的社会运动旧辙甚至覆辙的。实际上，"公共性"问题的解决一般有两条路径：一是自然形成，二是自为造就。如何在造就的过程中不拔苗助长，这是目前要重点思考和解决的一个难题。对于不同的"公共性"问题应该有不同的对策。保持公共性运行良性化和公共性问题有效解决，以防止出现恶性公共性问题。

二、"公共"管理与社会治理

无论是"社会运行""社会变化"还是"社会发展"，无论是"社会管理""社会治理"还是"公共管理"，其实在当下都是一种创新也都是需要创新的。所谓创新，就是要摆脱一种运行和发展的自然状态和现实状态，从而进入一个人类主观的创新和创造的阶段。而人类的主观历来是对客观的一种反应，反应有两种：一是被动防御和防范，二是主动修整和调整。其创新主要有以下一些特点：

1. 把"社会治理与公共管理"结合起来

应该清醒地认识到，思路上要围绕的核心是"社会治理"。而且从"公共性发展"的角度来展开"社会治理"主题，要加强"社会公共性"建设，不仅仅是公共服务、公共基础设施，还有公共服务的机制体制，还有人们的"公共"意识的引导和全社会"公共意识"的孕育和塑造。"公共管理"不仅仅是政府的职责，还需要政府作为主体，全体人民主动积极参与。在公共管理转为社会治理进程中，需要发挥真正的"全过程民主"，群策群力，把二者紧密结合起来。

2. 必须对社会公共性的进度和程度进行评估

不同的"公共性"发展进度和程度需要不同的社会治理思路和方案。这就需要对社会公共性的进度和程度进行评估，不仅要有质上的评估，还要有量上的评估。其中主要是要有指标、标准和准星。应该对社会最近运行和发展的状态从公共性的角度进行评估，特别是要从未来公共性发展的角度出发进行评估。其评估的内容是公共性发展的进度、广度、宽度、长度、深度和程度，从而形成进行社会治理的思路和方案。当前，从公共性的角度看，虽然现实与理想之间的差距依然存在，但距离在不断缩小。

3. 探索符合"美好生活"的治理路径和领域

认识现实和理想的公共性之间的差距不是目的，真实目的是要建设一个我们既"现实"又"理想"的社会，即符合"美好生活"的社会。如何进行社会治理，尤其是基层治理，一定要从社会主要矛盾出发，找到能够解决这个矛盾的思路和路径。新思路和新方案的关键是不仅要加强社会的公共性，还要不断加强不同方面和层面公共性的横向联系，并且要把"公共性"往高层的和立体的方向延伸和拓展，从而形成一个纵向的公共系统。这个系统不仅要有公共设施、公共程序和公共制度，还要有公共意识、公共思想、公共精神和公共意志，特别是要有一种"公共信仰""公共舆论"来统领社会及人们。

在公共意识上，"公共性"与社会治理联系最为紧密。习近平总书记2020年2月10日在北京调研指导疫情防控工作并召开视频会议做出"要加强舆论引导工作"的重要指示。公共卫生突发事件进入暴发期，这一阶段舆情应对的治理思路以有效引导为主。因为个人在面临生死、病痛考验时的负面情绪可以非常便捷地通过新媒体平台快速扩散，造成社会性群体的不良情绪。在事件暴发后，严峻的现实加上负面舆情渲染带来的某些不良心理暗示，势必形成社会性心理压力。因此，在"抗疫"阶段需要加大权威信息发布力度，做好政策措施宣传解读，加强正确有力的舆论引导，持续振奋精神、凝聚力量，为打赢疫情防控阻击战提供有力的全社会的公共舆论支持，从而坚定社会信心。① 公共卫生事件的舆情应对体现了治理思维。

三、从"公共社会"到"人民社会"

中国下一步要建设的社会应该是一个什么样的社会呢？我们要建的是一个"人民社会"，这比"公民社会"更先进一步。目前，在政治界和学术界已经有关于"公民社会"和"公共社会"的争论。但客观地讲，"公民社会"的概念和理念虽然也是人类文明发展的一个结晶，但不适合中国的国情和民意。它与"公共社会"的区别在于："公民社会"是要首先作用于"公民"和保障"公民"的个人为核心，而"公共社会"则是要首先作用于"公共"的存在和环境并且以"公共"为标准。没有"公共社会"作为社会存在基础的"公民"是否可以长久和真实的存在？实际上，没有"公共社会"作为基础，任何"公民"的"公共意识"就只能是暂时的和临时的，是都会随即跑掉甚至消失得无影无踪的。

中国要进行社会治理的具体目标就是要建立一个"公共社会"，在其基础上建立"人民社会"。其理由如下：

1. 人类社会发展是一个公共性逐渐运行、变化和发展的连续过程

公共性的源头在原始社会。应该说在原始社会与奴隶社会之间有一个公共性被彻底摧毁而自私性被彻底释放的阶段。客观上，也是因为有了这样一个自私性得以彻底释放的阶段和时期，并且已经释放到了一个放荡不羁的程度，于是产生了要对自私性进行管理的需求，就形成了一个政府要

---

① 何国平，朱最新. 公共舆情应对中的治理思维［J］. 中国报业，2020（11）：44.

来管理社会的态势。当然，后来又特别加强了对管理社会的人们的自私性的管理。但应该清楚，从总的趋势看，管理应该是对"私"的管理，并且越来越严格。而之所以在有些阶段又在释放自私性，往往是因为在前一个阶段里对"自私性"有些矫枉过正了，而对自私性的矫枉过正又存在一种致使人类窒息的可能性。

2. 社会治理的新内容要依据社会的公共性运行和发展程度

人类曾经在漫长的时间里只在客观上依据社会公共性的运行和发展状态而运行和发展，具有一定甚至很大的盲目性。但现在的问题是，要变这种盲目性为主动性，要变这种自然性为自为性。这就需要研究社会的公共性运行和发展的一般轨迹和规律及其与现实的公共性运行和发展的进度和程度。只有在此基础上，我们的社会治理和公共性建设的方案才是可行的和可能的。否则，它就是一个空中楼阁，往往是可望而不可即的。

3. 公共性决定了社会治理的目标、思路、方案和步骤的不同

由于公共性在很长的时间里是包含在社会性里运行和发展的，所以人类建设社会的思路一般是对社会性的建设。但现实是，公共性的运行和发展程度是已经跳出和超越社会性的。于是，建设社会的任务和标准就要以公共性为核心。近代在民族基础上形成的国家概念，就是"公共性"得到了高程度发展的一个标志。其中，国家社会是包含不同的自然区域社会的。所以，不同方面和层面的社会就需要不同的建设方案。这就需要对不同社会的公共性进度和程度做定位和定量，从而提出系统和科学的具有公共性的社会建设的新方案。

4. 中国社会治理的方向要加强其内在的公共性程度

既然已经认识到公共性对人类社会的重要性，既然已经了解到现实公共性的进度和程度，我们就要求政府必须对社会的公共性的运行和发展负责，所有的政策都要围绕公共性的运行和发展提供思路、条件和保障，都要为提升社会的公共性程度而思考和工作。王绍光指出："与实际上仅指

'民间社会'的'公民社会'概念相比,'人民社会'的理念清晰而无歧义,更容易成为追求的目标,也更值得追求。"① 他认为,人民社会更符合人们社会交往的需求、对公共物品的多元性需求。并且,公民社会的视角是聚焦社会的一小部分,但人民社会的视角关注的是整个社会,它将注意力延伸至社会的方方面面,其出发点是构筑一个人民的共同体。这就对共同体内在的"公共性"程度提出更高要求。

5. "公共社会"的创新点在公共价值和过程的重塑

虽然人们对"公共管理"和"公共政策"早已耳熟能详,对"公共服务"和"公共产品"也可略做猜想,但对"公共"的属性、内涵和理念人们几乎还是很生疏的。正是鉴于这样的认识和判断,人们才会对什么是"公共社会"以及为什么要建"公共社会"难以理解。主要是出自如下三个方面的现实原因:

(1) "公共"的价值、目标、视角、方法和程序

虽然"公共"的概念早已形成并在使用,如"公共厕所""公共交通""公共管理""公共政策"和"公共领域"等,但对"公共"概念的意识却既不是很强烈也不是很明确。而本文提倡通过一系列探讨和探索来确定现实对"公共"的价值、目标和视角的认同,并且要在认同基础上重塑,而重塑的核心是"公共"的价值和信仰。

(2) "社会"的全面、整体、运行、变化和连续

从一个全面、整体、运行、变化和连续的角度来看待"社会",也是一个创新的视角。这也是"社会主义"的"社会"的核心内容和内涵,也是人类社会之所以成为"社会"的基础和前提,也是"社会"的本来和本质的属性。从这个角度看,"社会主义"就是"社会化"过程的一个结果,特别是资本主义生产社会化即"大生产"的一个自然发展的结果。

---

① 王绍光. 社会主义建设的方向:公民社会还是人民社会 [J]. 开放时代,2014 (6):26-48.

（3）"互动"的现象、规律、特性、特征和特点

以往对"公共发展"和"社会建设"的研究基本都是分析思维的产物，都是分开思考和分别琢磨的。应该主张要用一种联系、变化和整体的视角来展开双方的研究，就是要在研究公共性发展的时候首先要考虑社会建设的问题，而社会治理要依据的是社会的公共性发展的状态和程度。

6. 当前转向人民社会的困境

（1）公共性难以量化

社会的公共运动究竟到了一个怎样的程度，以及社会是否已经达到公平和公正的状态，这是社会治理首先要明确的问题。如果对此在数量上没有概念，就很难确定新建设的思路、路径、程度。但至今对此还基本只是一个感觉概念，还没有进入一个量化状态。尤其是对社会发展过程中的"公平"和"正义"的评估指标体系还缺乏意识、研究和指标，由此也就造成对社会和政治稳定的风险评估机制至今还缺少必要的研究和对策。

（2）公共意识需塑造

公共意识是现代社会对公民提出的一种最基本、最重要的美德要求，本质上是公民的公共责任意识的行为体现。社会自治必须通过具有公共意识的人们积极参与、协商合作才能完成，全社会的良好社会秩序的建立也必须以多主体的社会自治为基础。社会的有效治理是社会自治和群众自治的达成，离不开公共意识的支撑与支持。当前，人们对"公共"的意识还不到位甚至严重滞后。这就存在一个如何提升和协调人们的公共意识和能力的问题。尤其要重视对社会主义的"公平""正义"现象和现实进行梳理、界定、确定和建设，要形成一个独立的自成体系的"公共学说"和"公共方案"。

（3）群众凝聚力需提升

社会主义制度的优越性在于集中力量办大事。力量来自广大人民群众的凝聚力。进入新时代，比起"大事"，群众的"小事"，即每户群众的"身边事、烦心事、急难愁盼的事"，是更大的政治、根本的政治，事关"民心向背"。社区治理主要解决的就是群众的"小事"，解决不好，就影响群众凝聚力。毛主席说："我们应当相信群众，我们应当相信党，这是两条根本的原理。如果怀疑这两条原理，那就什么事情也做不成了。"《中国共产党章程》的"总纲"里记载着一个极重要的政治判断："我们党的最大政治优势是密切联系群众，党执政后的最大危险是脱离群众。"习近平总书记在 2021 年 6 月的一次中央政治局集体学习时讲："对我们这样一个长期执政的党而言，没有比忘记初心使命、脱离群众更大的危险。"当前，要落实"以人民为中心"，关键在强化党与群众的"骨肉"关系，组织动员人民当家作主，办好自己的"小事"。

总之，虽然对公共性的认识是从社会治理开始的，但最后还是落在社会的公共性建设、运作和发展上。但目前中国社会进行公共性建设的重任还只能落在政府的肩上，其中不仅需要强有力的财力支持，还需要明确的政策引导和意识导向，尤其是需要对公共的意识、价值和制度进行重新确立、设计和塑造。这些目标都是为了"人民社会"的塑造，让人民成为社会主义社会的实实在在的主人翁。

第三节　新时代"共享"理念与社会主义国家治理

什么是"共享"？"共享"又有什么用？自以习近平同志为核心的党中央在党的十八届五中全会提出"共享发展理念"建议以来，这一重要思想理念已成为社会大众高度关注和学术界研究的热门话题。习近平"共享"

思想高屋建瓴、举足轻重，是社会建设和治理的指南，全党上下应该引起高度重视并进行全面学习、深入思考和重点感悟。

一、共享：社会主义的核心特质

社会主义是群众的事业，人民是社会主义的主体。中国特色社会主义是属于亿万中国人民的事业。坚持和发展中国特色社会主义，必须坚持人民主体地位，树立以人民为中心的发展思想。共享反映了我们党全心全意为人民服务的根本宗旨，反映了人民是推动发展的根本力量的唯物史观。不论是汲取中国传统文化中的"小康"和"大同"的古代共产主义思想，还是来自西式话语中的"资本主义"和"共产主义"，还是作为指导思想的马克思主义关于"人的自由全面发展"和"共产主义社会"理念，抑或是中国共产党人取得革命胜利和建设成功的政治传统，都体现着人民"共享"的理念和实践。可以说，"共享"是体现社会主义特质的重要理念，是我们社会主义国家治理能力提升和治理体系现代化完善的重要路径，也是我们实现伟大复兴的中国梦的理念保障和现实圭臬。

"共享"在当前被赋予了崭新的政治内涵。它是以习近平同志为核心的党中央在党的十八届五中全会上发布的治国理政的新理念新思想新战略的一个重要内容，也是中国全面建成小康社会的关键指标之一。"共享发展"虽然在五大理念中排在最后一个，但却是五大理念中最具创新性的一个。所以，当"共享"出现在新发展理念中时，人们普遍产生了一种疑惑："共享"是什么意思？为什么它能够成为我国"十三五"时期的重要发展理念？这种疑惑其实就是由对它的陌生感引起的。通过对党的十八大以来习近平总书记系列重要讲话的学习，我们可以发现，习近平总书记关于"共享"的思想已有大量论述，尤其是党的十八届五中全会以来，有关这一思想的论述更加系统和细化。这说明，习近平总书记关于"共享"的思想已经凝聚成形、成熟，并且具有十分丰富的理论内涵。

"共享"并非一个老话题和老概念，不可能按照老思维和老思路就能够实现；相反，它是一个新理念新话题，是新的历史条件下中国社会发展的核心内容。习近平说，共享是一门大学问。这意味着，对这一重要思想需要从多学科角度进行综合研究。但从全国范围来看，真正把"共享"作为一个学术问题进行研究的还很少，还需要我们就此认真展开基础研究，对其中涉及的基本问题进行扎实讨论。其实，对"共享"的理解，既需要从理论的学术角度深入，又需要从实践的实际角度探索，但更需要从习近平的系列重要讲话中感悟。

二、习近平的"共享"治理思想

"共享发展"的理念和标准，是党的十八大以来以习近平同志为核心的党中央的一个新理念新思想新战略。通过对党的十八大以来习近平总书记系列重要讲话的学习可以发现，他的这一重要思想不仅十分丰富，而且十分深邃，十分智慧。这是习近平总书记以其全面的、统筹的、协作的、共赢的和综合的思维方式思考中国改革实践的结果。

初步概括起来，习近平的"共享"思想可以分为具体五个方面内涵。如下：

1. "共享理念"

这是对"共享"的一个态度问题。习近平在 2016 年 1 月省部级主要领导干部学习贯彻党的十八届五中全会精神专题研讨班上明确谈到这个命题。他说："落实共享发展是一门大学问，要做好从顶层设计到'最后一公里'落地的工作，在实践中不断取得新成效。"并且，他还把这个"学问"放在一个必须进行"制度安排"的层面上给予高度重视，提出要研究一种更加有效的"共享"制度安排。由此可见，习近平对"共享"这个问题的基本思维及思想已经成熟。习近平主张把"共享"与"发展"的理念结合起来，这本身就是一种伟大创新。"共享发展"不仅是一门大学问，更是一门新学问，甚至是一门至今没有多少研究的新型的跨学科、交叉学科和综合学科的新学问。过去有关"共享"的理解主要是经济层面的，是经济生产方式上和生产环节中的一种理念，主要强调要在生产、交换、消费，尤其是消费层次上实现"共享"。但实际上，在社会主义国家中，"共享"更应该也更重要的是，要在经济领域中制定和把握"分配"的层次及规则。只有资源和组织共享了，才有可能达到一种共同富裕的状态，才可能实现社会主义大家庭的和谐圆满。当前，习近平已经在多个场合中提出，要实现各个领域资源、组织、成果的"共享"。这是一个非常大的跨越，也体现了"共享"在"全面发展"中的重要地位。实际上，"共享"与"全面"意义相似，又相互嵌入，二者既具有相似的特质和内容，又都是立体、全方位、多层次的考虑目标。

如何将共享思维落实到共享战略和共享策略中？习近平的回答是必须到人民群众中去，通过问计于民去获得智慧。因为"共享"是一门学问。这个学问要回答的是一个怎样把"共享发展"理念从"顶层设计"到"最后一公里"逐渐推进和落实的过程问题。这个过程要能保证把这个理念渗透到社会的每一个角落和每一个人，并且使"共享"可持续地发展下去，而不是一次性买卖。以前的所有制研究，一般都不研究"享有"的内容，所以要把"共享"落进"享有"中，再把"享有"落进"所有"中，这本身就是一个亟须创新的课题。

虽然习近平"共享"思想的内涵亟待学界深入研究，但在现实中，诸多共享的实践已经层出不穷。实践需要研究才能提升为理论，感性认识只有不断思考和深入研究才可以上升为理性认识，才能成为指导实践的理论。这是由理论的"解释性"和"指导性"的双重功能决定的。实践如果没有理论指导，到一定时候就会迷惘和茫然，就会不知道下一步该往哪里发展。我们以前在研究所有制问题时一般都不研究"享有"的内容，这也是造成我们"公有制"困惑的一个重要原因。所以，必须要有更加有效的

"共享"制度安排，而且还要在实践当中不断去取得新成绩和新成效。这也是作为中国共产党基本法宝和优良传统的"群众路线"的基本内容——就是要从群众中来，再到群众中去；就是要充分地挖掘和发挥群众的智慧。但在社会大众看来，"共享"至今还只是一个"说法"，至多也只是有某些想法，确实还没有现成的系统理论可言和行之有效的办法可搬。

所以，"共享"也就成了一门学问。"学问"可言"既学又问"，涉及"学"什么、"问"什么、怎么"问"、在哪里"问"以及去"问"谁等一系列问题。一般的理解，"学"就是"学知识"和"学理论"。其实，"学"更是一个觉悟的问题。而"问"就是"问路"。要"问"的是一个"共享"实践、实施和实现的路径是什么和在哪里最终实现的问题。这也是"共享"理论的一个核心和布局问题。

对社会大众来说，"共享"是既熟悉又陌生的。所以，现实中，习近平关于"共享"的学问意义重大。习近平号召大家要研究"共享"的学问并使其成为一个"大学问"，意味深长。没有"共享理念"，就难以落实共享实践。没有共享实践，就难以体现共享的理想和理念。所以，不仅要研究它在社会主义和共产主义的不同发展和连续及可持续的形式，更要研究体现"共享"理念、价值和精神的"共享"机理以及体现"共享"体制和机制的"共享"制度。"共享"与"分享"的区别不仅在于思维方式的不同，更在于主体及其享有、享用和享受的机理、过程、程度和制度的不同。

2. "共享机会"

习近平对"共享"的思考还在深入。在2013年3月17日第十二届全国人民代表大会第一次会议上，习近平讲话时又特别指出，"生活在我们伟大祖国和伟大时代的中国人民，共同享有人生出彩的机会，共同享有梦想成真的机会，共同享有同祖国和时代一起成长与进步的机会……国家建设是全体人民共同的事业，国家发展过程也是全体人民共享成果的过程"。

从这段话中我们可以清晰地看出，习近平的这个"共享机会"思想其实是对"人民主体共享"思想的深入和发展。但这又是一个"共享"要以"享有"为核心和目标的思想。"机会"不是一种确定性，不是一个必然的结果，而是可能性和有选择的过程。共享机会，就意味着开放共享，意味着平等共享，因为保证了每个人都有获得的机会和可能性，都在享有这个奋斗的过程。同时，"共享机会"更蕴含了人们对于有选择机会的一种积极的态度——就是享受、争取和珍惜。共享不仅仅是共同享有，也是共同享受，不仅仅是结果的平衡，更是过程的健康平衡，体现的是我们的梦想目标更长久，我们的奋斗过程更持续，我们的发展路径更稳健。

习近平的"共享机会"思想主要集中和聚焦在"享有"这个概念上。习近平对它有三个层次的区分：一是"共同享有人生出彩的机会"；二是"共同享有梦想成真的机会"，三是"共同享有同祖国和时代一起成长与进步的机会"。但"共享"系统是复杂的。"享有"是复杂"共享"系统中的一个"地核"，"地核"是一种核心。与"享用"和"享受"不同，"享有"在本质上属于一种所有状态，是所有、拥有、要有和享有系统中的最高层和最外层。所以，要做好"享有"，就必须要做好这种所有制的"制度安排"及设计。它既是共同所有制的一种体现形式，也是中国特色社会主义共同理想的一种目标和标志，更是对传统公有制的一种细化、突破和完善。没有这种"享有"作为基础，公有制就无法落地和落实。所以，习近平这个"共享享有"的思想必将给社会主义的制度设计带来新维度新方向新标准。没有这种"享有"的设计，就还不是社会主义。没有这种"享有"作为基础，一切的享用和享受就都会是一种空中楼阁，可望而不可即，而习近平的"共享享有"思想打破了那种虚幻和空想。

综观习近平对"共享"的论述，我们还可以发现，他是把"共享"更多地放在一个"享有"的层面给予理解的。"享有"是一种所有的形式。在"共享"系统中，最核心层是"享有"，它是"共享"的"地核"；其

"地幔"层是"享用";其最表层"地壳"是"享受"。我们更应该在机会层面向"人民"提供共享并使"人民"获得共享。这种思想也体现在"全面建成小康社会"的目标上,"康"是"广""隶"之合,"隶"就体现了一种"隶属"关系。所谓"全面小康",就是一个全面的、全员的即每一个人都要有的状态。所以,习近平一直在强调,一定要做出"更加有效的制度安排",让人民有一种获得感。

但现在大家普遍把"共享"局限性地理解为一种特定项目上的共享,如高铁、高速公路、公园、公共厕所、公共形象等,而很少把它放在一个"制度安排"层面给予重视和考虑。"共同享有"既是"共同所有制"的一种制度形式,又是"共同享用"和"共同享受"的基础。解读"公""共"二字可以发现,不是"大公无私",而是"大公含厶①"和"大共有厶"。"公"中有"厶"很明显,但"共"中有"厶"并不清晰。"厶"具有"私人性",还具有隐秘性、私下性、不合法性和自私性。"个"一旦从"厶"中分出来独立之后,"厶"就会与"公"和"共"发生经常性甚至剧烈的冲突。这种冲突发生至今已经在摧毁人类社会存在的系统性和运行的有机性。由此来研究西方社会的"公共性"就会发现,它还只是一个"public"(公共的、大众的)性,而没有到"communism"(共产主义)的状态,"公共"与"共产"相比,共同性还欠缺。这也是中国社会的社会主义"公共性"必须创新和探索的方向和方面。

3. "共商共建共享"

"任何一项伟大的事业要成功,都必须从人民中找到根基,从人民中积聚力量,由人民共同来完成。"② 习近平对"共享"的思考,重点在于,

---

① "厶":同"私",曾作为《第二次汉字简化方案》中"私"的简化字,现作为偏旁,其义同"私"。

② 习近平.在纪念孙中山先生诞辰一百五十周年大会上的讲话 [M].北京:人民出版社,2016:6.

怎么才能更好地发挥"人民主体"的作用，进而达到一个"共享"的效果。习近平为此提出了一个达到"共享"效果的路径设想和设计方案。他对这种设想和设计做了一个老百姓都能听得懂、看得明白、理解得透和感受得到的比喻——一个做"蛋糕"、切"蛋糕"和分"蛋糕"的过程和顺序。并且，他力主不仅要把蛋糕做大做好，还要共同地、合作地把蛋糕做大做好。他主张做一个让 14 亿多人都来共同参与完成的大"蛋糕"。同时，他又认为，要做好"蛋糕"并不容易，做"蛋糕"是大有学问的，它特别需要力量，而"凝聚产生力量，团结诞生奇迹"。习近平指出，要"充分调动人民群众的积极性、主动性、创造性，举全民之力推进中国特色社会主义事业，不断把'蛋糕'做大"。

这个合作"共商共建"的路径方案，不仅包括了"共商"共同协商——首先要保证人民的参与和主人翁的地位，还包括"共建性"——这是"人民合力"的现实要求和实践，更要达到一种"共赢"态。只有"共赢"了，才能达到"共享"，才能不断"共享"，才能持续"共享"，否则就会产生剥削。坐享其成是剥削的一种形式。过去之所以没有"共享"，就是因为我们只有"共建"，但还没有达到"共赢"或者还未走向"共赢"。没有共赢作为基础，一切"共享"都会失去物质的性质和现实的实用。但现在我们的"蛋糕"还不够大、也不够好。由此说明，习近平的"共享共建"思想是既有"共同"性、"共构"性、"共建"性和"共体"性的意识和意思，又与"共处"和"共赢"密切相关。其中，"共处"主要来自"和平共处"，"共赢"主要来自"互利共赢"。要明白，习近平拿"蛋糕"比作"共享性"是一个形象比喻，并不是准确的内涵表述。它既有易于被百姓和社会大众接受的一面，也有被实物实惠局限内涵的另一面。"蛋糕"与"非蛋糕"在"共享性"上的区别在于：前者一旦做成就会固定，但后者一直在或者是在一段时间内都会取之不尽用之不竭；前者一旦分到个人手里就难以再回归整体，但后者是只可以享受甚至享用而不可以带走归私人所有的。

举例而言，从具象角度看，人类最大的共享物就是太阳——不仅是人类的"共享物"，也是其他动物的"共享物"。所以，太阳又成了人物和动物之间的"公享物"。其中，"公享"和"共享"有所不同。"共享"是一个平面和平等的概念，而"公享"是一个立体和公正的概念。所以，中共十八届五中全会公报指出："按照人人参与、人人尽力、人人享有的要求，坚守底线、突出重点、完善制度、引导预期，注重机会公平，保障基本民生，实现全体人民共同迈入全面小康社会。"这是"共商共享共建"方案的标准阐述。它意指，"共享"不是一种坐享其成，而是以一种积极主动的态度去做"蛋糕"。当然，正如任何具象的比喻都有具象的局限性一样，对抽象的事物都需要一种抽象的认识和认知，都需要学术界定和理论论述。形象固然通俗易懂，但其内涵的深度和宽度也是固化的甚至是僵化的。

所以，要对"共享"做"学问"。学术研究应该从具象切入进入抽象，应该从特殊性里提炼、提出和提升普遍性。从"蛋糕形象"看，它是具象的，但从"形象蛋糕"看，它就是抽象的。从学术上看，公共性不同于"蛋糕"。"蛋糕"分了之后是一次性使用，但真正的"共享性"一般是会长久和持续存在的。所以，抽象地看，"共享"的东西是"分享"之后原来的状态不会发生改变，比如西湖风景，不会因为多了游人欣赏便减少了其秀美。

虽然"共享"是近的，但"共享"之外还有一个"公享"。"公享"对人们来说是遥远和陌生的，更是难以界定和论述的。但它们又是实实在在存在和作用的，如同大气、空气和氧气一样，如同阳光、月光和灯光一样，如同环境、生态和氛围一样。一般理解，"公享"和"共享"的区别在于，"共享"是一种横向的平面的平等享受，而"公享"则是一种纵向的立体的公正享受。所以，从历史和未来两个维度来看现实的"共享"，本身就是一种立体的整体思维。能考虑历史、现实、未来，并把它们合在一起的思维就是一种整体思维。对整体，"撸起袖子一起干"的"共建"的方式方法，就需要一个"上下同欲者胜"的状态，"只要我们14亿多人民和衷共济，只要我们党永远同人民站在一起，大家撸起袖子加油干，我们就一定能够走好我们这一代人的长征路"。

三、"共享"治理思想的"人民"内核

中国共产党是无产阶级政党，是人民政党。《共产党宣言》中写道："过去的一切运动都是少数人的或者为少数人谋利益的运动，无产阶级的运动是绝大多数人的、为绝大多数人谋利益的独立的运动"①，这里的"绝大多数"就是人民，主要是指工人阶级和劳苦大众。习近平总书记在纪念马克思诞辰200周年大会上的重要讲话中指出："马克思主义是人民的理论，第一次创立了人民实现自身解放的思想体系。"一百年来，中国共产党的凝聚力不断增强，始终成为我党革命和建设的基石，这种凝聚力的来源就在于广大的人民群众。

习近平同志进一步指出："党除了工人阶级和最广大人民群众的利益没有自己特殊的利益，党在任何时候都把人民群众的利益放在第一位，全心全意为人民服务。"② 习近平的"共享"思想有很丰富的内涵，注入了"人民主体地位"的思想，关键是现在怎么解读、怎么提炼、怎么落地和落实这个思想。它们都是一个亟须拓展、研究和创新的大学问。

将确定"共享"为我国"十三五"经济和社会发展的五大理念和标准之一，是中共十八届五中全会的主要内容。以习近平同志为核心的党中央在党的十八届五中全会上提出《建议》："坚持共享发展，必须坚持发展为

---

① 中共中央马克思恩格斯列宁斯大林著作编译局. 马克思恩格斯文集：第2卷 [M]. 北京：人民出版社，2009：42.
② 习近平. 扎实做好保持党的纯洁性各项工作 [J]. 求是，2012（3）：3.

了人民、发展依靠人民、发展成果由人民共享，做出更有效的制度安排，使全体人民在共建共享发展中有更多获得感，增强发展动力，增进人民团结，朝着共同富裕方向稳步前进"①；又明确表示，"人民对美好生活的向往，就是我们的奋斗目标"。这些论述既显然又充分地体现了习近平总书记以人民为主体地位的思想。这也是习近平自担任总书记以来一直奉行的一个核心思维。从 2012 年 11 月 15 日在党的十八届一中全会后举行的媒体见面会上提了 19 次"人民"开始，一直到 2017 年 5 月 3 日考察中国政法大学时再次强调"使国家越来越富强、民族越来越兴盛、人民越来越幸福"的工作目标为止，这个思想一直渗透在习近平总书记的讲话和论述之中。由此形成了在"共享发展"理念中的一个"人民是主体"的基本态势，形成了一个习近平总书记的"人民共享"概念、理念、意念甚至意志的思想。

这个"人民主体共享"的思想，既是对 1954 年我国宪法对"人民"准确使用的完善，也是对毛泽东曾论述过的"什么是人民"和"人民是什么"问题的继续思考，更是对"权为民所用、情为民所系、利为民所谋"这一思想的继承和发展。这句要"使全体人民在共建共享发展中有更多获得感"的话分量很重，它第一次把"人民"与"获得感"和"共享"联系和结合起来，形象地回答了在社会主义中国的"共享事业"中"共享是什么""共享着什么"和"谁是共享者"等基本问题。

由此，另一个需要进行理解的核心问题是何谓"人民"。这是一个在社会主义社会和国家中仍然需要进一步严格界定和定义的学术概念和政治概念。所谓"人民"，其实是一个由"人"和"民"合成的整体概念。它要求，"人民"中的个体都是"公民"，也就是说"人民"是由"公民"

---

① 新华社. 授权发布：中国共产党第十八届中央委员会第五次全体会议公报 [EB/OL]. (2015-10-29) [2023-06-28]. http：//www. xinhuanet. com/politics/2015-10/29/c_ 1116983078. htm.

组成的，但不能反过来说"人民"就等于"公民"。现实中，有许多的表述不仅把"公民"简单等同为了"人民"，也把"公民"简单理解为了"户籍民"，或者"市民"，或者"农民"。从英文看，"人民"不仅是一个"不可数"概念，还是一个"特指"概念。有关这一概念的认识可以从"人民"的英文"the people"来进行理解。在英文中"people"是一个"不可数"名词，是一个"不可分"的整体概念。这是一种既不分"多数人"和"少数人"，更不分上层人和下层人的概念。而定冠词"the"在这里是"特指"概念，它对应"泛指"，意思是指每一个"人"都要享受"民"的权益、权利和权力。社会主义的民主已是一种"人民民主"的状态。所以，"全面小康"目标的确定，就体现了"人民主体"和"人民共享"的思想。

其实，"人民主体"也是我们党一直都在奉行的一个理念和标准，从"为人民服务"到"中华人民共和国"到我们的"人民政府"，再到我们的"人大"——"人民代表大会"是最高权力机构，等等，都体现了"人民主体"的构想。还有"人民公安""人民法院""人民教育"等概念都表明我们的社会是一个以人民为主体构建起来的社会。

什么是"人民"？"人民"是"历史的书写者"。这是习近平在2013年12月26日《在纪念毛泽东同志诞辰120周年座谈会上的讲话》的一个主要精神。他指出："不论发生过什么波折和曲折，不论出现过什么苦难和困难，中华民族5000多年的文明史，中国人民近代以来170多年的斗争史，中国共产党90多年的奋斗史，中华人民共和国60多年的发展史，都是人民书写的历史。"这符合"人民是历史创造者"的唯物史观，是对马克思主义的"人们自己创造自己的历史"①的继承和发展。

在 2000 年,习近平在福建省工作时就十分强调,要牢记人民政府前有"人民"两字。"人民"两字不是虚无的,不是空洞的,而是具体的、实在的。对于全国来说,"人民"就是 14 亿多中国公民,14 亿多人民是一个整体,更是活生生的每个社会公民。作为人民公仆的千千万万的党和政府工作人员,也是人民的一员,也受惠于人民,要与人民紧密联系,与人民共享改革开放的发展成果。

在习近平的共享思想中,"人民"始终处于核心位置。这里还要再次提起他在 2013 年 12 月《纪念毛泽东同志诞辰 120 周年座谈会上的讲话》中那段经典的论述:"不论发生过什么波折和曲折,不论出现过什么苦难和困难,中华民族 5000 多年的文明史,中国人民近代以来 170 多年的斗争史,中国共产党 90 多年的奋斗史,中华人民共和国 60 多年的发展史,都是人民书写的历史。"从中可以看到,在习近平的共享思想中主体是人民,主题是人民,主旨还是为了人民。因此,常把"人民"记心间,才能做到共享,才可以"不忘初心",才能坚持在社会主义道路上,不断从一个胜利走向另一个胜利。

当前,"共享"还是一个新方向,一个新课题。现实是,"共享"的概念已经有了,习近平的"共享"思想也已经有了,但政府的"共享"措施还不够,"战略"也不够。"策略",这一思想与"国家治理体系和治理能力"的结合部分也还没有找到,它与社会主义制度之间的关系也尚未明确。特别是,有关"共享"机理的设计和制度的安排及完善还处于一个正在启动的过程之中。同时,还需要解决的一个理论问题在于,社会主义

① 马克思《路易·波拿巴的雾月十八日》:"人们自己创造自己的历史,但是他们并不是随心所欲地创造,并不是在他们自己选定的条件下创造,而是在直接碰到的、既定的、从过去承继下来的条件下创造。"
中共中央马克思恩格斯列宁斯大林著作编译局. 马克思恩格斯选集:第 1 卷 [M].
北京:人民出版社,1995:585.

的分配原则是按劳分配——多劳多得、少劳少得和不劳不得。但"共享"主张的是，少劳也可多得、不劳也可有得。这要求我们必须使"得"的内涵迅速丰富和丰满起来，亟须创新和创造一个现代的"共享"理性理念的理论。没有"共享"的创新理论，就没有"共享"的创新实践。我们需要牢记，"民可近，不可下；民惟邦本，本固邦宁"，在"共享"的道路上，创新也好，分配也好，策略也好，"共享"的出发点和落脚点都应该是"人民"。

"共享"实际上回答的是社会治理的目标问题，回答的是社会治理为了谁的问题，即通过社会治理确保人民安居乐业、社会安定有序，实现社会治理成果共同享有，不断增强人民群众的获得感、幸福感、安全感。①习近平总书记指出："全党必须牢记，为什么人的问题，是检验一个政党、一个政权性质的试金石。"在社会治理中，要抓住人民群众最关心最直接最现实的利益问题，完善公共服务体系，补短板、强弱项、提质量，促进基本公共服务均等化，让发展成果更多更公平惠及全体人民。

习近平总书记指出："社会治理是一门科学，管得太死，一潭死水不行；管得太松，波涛汹涌也不行。要讲究辩证法，处理好活力和秩序的关系。"社区是社会的基本单元，也是社会治理的最后一公里，更是党和政府联系群众、服务群众的神经末梢。营造共建共治共享社区治理格局，不仅是党对新时期我国基层社会治理的现实要求，还是回应居民多元需要、创建良好社区秩序的重要路径，更是在整个国家治理工作和国家基层政权中占有举足轻重的地位。

---

① 徐开来. 社会治理必须坚持共建共治共享 [N]. 人民日报，2020-09-16（09）.

第三章　社区：国家治理与社会建设的基本单元

政权基础在社会基层，社会基层的最基本单位是社区。社区治理是治国理政的立足点和落脚点，是政权建设的关键。党的十九大报告中指出："加强社区治理体系建设，推动社会治理重心向基层下移，发挥社会组织作用，实现政府治理和社会调节、居民自治良性互动。"这是对社区治理提出的新要求和发表的宣言书。社区治理的好坏反映了当前我们的治理能力的强弱，是治理体系现代化最具创新内涵的基础。

第一节　社区治理与建设的现有理论

当前中国社会处在城市化快速发展时期，社会流动频繁改变了传统社区的结构，加大了社区治理的难度，从政治学视角系统深入研究该议题，有助于从现实中找到城市社区治理的问题、困境和趋势，有助于深刻探寻完善国家治理体系与提升治理能力的途径。

一、国外社区治理的研究现状

从国际上看，社区治理与政权建设密切相关。尤其对于本身就主要由移民构成的国家，更是非常重视。美国本身就是移民构成的社会，社会学家和社会工作者们对移民问题以及移民产生的各类社会问题都进行了关注；而欧盟一体化对于欧盟成员国内的移民也需要有效治理。可见，移民治理与国家治理在全球都是前沿和热门研究领域。许多组织和论坛如国际移民组织、移民与全球发展论坛等，各类研究学会如美国社会学学会、美东社会学协会等大型会议都对移民治理有具体详细深入的探讨研究。当前移民领域的基本理论都是国外学者建立，如列文斯坦、赫伯尔、刘易斯、沙斯特德、巴格内和李、托达罗等。另外，还有诸多关于移民具体领域的研究，可以说，移民社会学、移民治理是美国人普遍关注的问题，对该议题的研究更是美国社会学研究的主要议题。

在全球化、城市化和信息化的影响下，西方发达国家社区治理经历多个图景，在该领域也涌现出一大批知名社会学家和政治学家。社区治理理论的传统研究和实践起源于国外。主要如下：

一是传统社区研究，如麦基文的《社区》（1817）、滕尼斯的《社区与社会》（1887）、桑德斯的《社区论》（1974）等；二是空间政治理论，如大卫·哈维的《社会公正与城市》（1973）和《希望的空间》（2000）、福柯的《空间、知识、权力》（1982）、列斐伏尔的《空间的生产》（1991）、詹明信的《文化转向》（1998）等；三是以芝加哥城市社会学派为主的现代社区研究，如托马斯的《欧洲和美国的波兰农民》（1918—1920）、帕克的《都市社区》（1926）、伯吉斯的《家庭——相互影响的个性之统一体》（1926）、沃思的《都市生活是一种生活方式》（1938）等。当代社区治理研究呈现繁荣状态，但更加细化和深入，如丹尼尔·蒙蒂的《美国城市》（1999）、史蒂芬·戈德史密斯的《社会创新的力量：美国社会管理创新启示录》（2013）、理查德·博克斯的《公民治理：引领 21 世纪的美国社区》（2014）等。

这些论著主要从宏观社会空间领域持批判视角分析空间与秩序、空间与权力、空间与高科技的深刻理论逻辑和发展现实。从国家与社会关系视角出发，在"社群主义""新自由主义"和"第三条道路"中，强调"个体与群体的平衡"与"邻里复兴"以及志愿服务和社会组织的发展等来构建社区治理理论和实践。但是，由于西方国家并非城乡二元结构，基本集中在城市社区空间及治理，没有城乡社区空间的动态变化过程中的治理。有的专家只研究空间政治，有的主要研究现代社区治理，没有将空间与社区治理两部分紧密结合起来，更是缺少对中国城乡社区空间及治理的深入了解和研究，这些理论与实践不能照搬用来解决我们的问题，中国问题要用中国理论来解决，这些正是本课题着重解决的问题。

二、国内社区治理的研究现状

近年来，从政治学视角来研究城市社区治理的成果诸多。国内学者如王绍光、潘维、林尚立、燕继荣、俞可平、王名、王思斌、张静、徐勇、温铁军、贺雪峰、廖晓义等研究和探索我国城乡社区空间及治理的理论和实践，大体可分为以下几种情况：

一是以国家治理为大背景，在这个框架中讲述社区治理，如林尚立的《社区民主与治理：案例研究》（1999）中指出社区是中国政治建设的战略性空间，社区治理不仅关系到国家和社会的稳定，而且关系到民主政治长期发展的动力资源；燕继荣的《国家治理及其改革》（2015）所探讨的问题包括从现代国家治理的价值基础、制度要素、治理方式，到中国治理的路径和模式，从政府治理、社会治理、社区治理、腐败治理到依法治国、协同治理等；潘维的《信仰人民》（2017）中指出居民群众是基层的主体，小事比大事重要，只有上善若水，信仰人民，将人民组织起来、动员起来自治，才能将社区治理好。

二是聚焦社区治理整体理论或某个具体议题研究，如俞可平的《和谐社会与政府创新》（2008）、黄百炼和徐勇的《政治稳定与发展的社会分析——政治社会学导论》（1993）、徐宇珊的《服务型治理：社会服务中心参与社区治理》（2016）、王名的《社会组织与社会治理》（2014）、赵小平和陶传进的《社区治理》（2012）、涂晓芳和刘鹤的《城中村社区治理模式的比较研究》（2010）、刘小年的《农民工参与社区治理的机制研究：主体的视角》（2010）等。

三是重点探索社区治理新时期解决方案或社区治理中某一个具体议题，如张静的《从社区管理到社区治理有多远——基于体制创新视角》（2014）、徐晓燕的《社区与城市：城市社区支持功能的空间组织模式研究》（2011）、贺雪峰的《乡村治理的社会基础——转型期乡村社会性质研究》（2003）等。

四是亲身探索和践行社区治理的案例研究，如温铁军的《城市社区治理的再组织化——基于对杭州市社区治理经验的分析》（2014）、廖晓义的《"乐和乡村"建设的理论与实践》（2014）、潘维和尚英的《维稳与久安之道——重庆巫溪社区治理调研》（2012）、王思斌的《转型中的城市基层社区组织——北京市基层社区组织与社区发展研究》（2001）等。

近年来，学者们注重城市社区治理的经验总结，研究更加深入。谭日辉的《北京社区治理机制研究》、罗新忠的《社区治理智能化：基于上海浦东新区的实践探索》（2020）、唐亚林的《社区治理的逻辑：城市社区营造的实践创新与理论模式》（2020）、浙江民政厅出版的《社区治理共同体创新的浙江样本》（2020），通过具体做法分别总结了北京、上海、浙江省社区治理创新实践和发展趋势。

上述研究成果或聚焦社区空间规划视角，或侧重社区治理视角，管理学、社会学深入分析和研究社区空间或社会治理的概况、重点、前沿领域、研究进展和实践模式，并形成了社区空间布局或社区治理理论，为我国当前社区治理起到指导促进作用。但尚未对社区治理与政权建设之间的关系进行深入关联和研究。在社会流动加快的全球城市化发展的大背景下，更需要深入研究符合中国实际情况的社区治理方式和方法，从而推进中国城市治理和发展。

第二节 社区治理与中国传统社会主义观

社会主义就是追求平等公正的社会，是一种价值观，更是一种现实追求。社区治理的目标以社会主义的追求目标为长远和轴心目标，社区治理过程以社区互帮互助、实现平等团结为方式，可以说社会主义初级阶段的理想状态便是"社区社会主义"。社区的英文"community"与共产主义都是以"com"为前缀，都具备"公共"的意思。社区便是公共空间，社区治理就是公共空间中公共资源的分配与公共事务的处理。

一、中国社会主义的悠久传统："社区社会主义"

中国学派的代表性人物北京大学潘维教授掷地有声地指出："社会主义是当代世界进步的总趋势。"他将社会主义思想萌发的时间提到了2500年前，认为孔子的"天下为公"和柏拉图的理想国就具有朴素的社会主义理想，从而重新定义了社会主义：社会至上，以追求平等获得社会团结，就是社会主义。资本至上，以资本获取利润的效率为根本目标，就是资本主义。资本主义要求尽量发挥人的"本能"，而社会主义要求尽量培育和弘扬"人性"，体现的是古今中外一直有的人文精神。

社会主义就是对社会平等公正的一种追求，这是人类社会普遍的向往。"大同"与"小康"是中国传统文化中的朴素的社会主义思想。《礼记·礼运》中阐述的孔子"大同"理想："大道之行也，天下为公，选贤与能，讲信修睦。故人不独亲其亲，不独子其子，使老有所归，壮有所用，幼有所长，矜、寡、孤、独、废疾者皆有所养，男有分，女有归。货

60

恶其弃于地也，不必藏于己。力恶其不出于身也，不必为己。是故谋闭而不兴，盗窃乱贼而不作，故外户而不闭，是谓大同。"大道，指政治上的最高理想，即大同社会。

老子在其五千言《道德经》里区分了"天之道"与"人之道"，人之道是"损不足以奉有余"，天之道是"损有余以补不足"。他告诫执政者要"损有余以奉天下"。融合了道家的儒家不仅有"大同"理想，更有现实主义的"小康"追求，顺应了中国社会既患寡又患不均的实际。在"富不过三代"从而缺少稳固阶级分际的中华社会，在"天下为家，各亲其亲，各子其子，货力为己"的现实里，儒家的"小康"方案是将社会视作或塑造为一个暗含成员平等的"大家庭"，以家庭伦理为纲常规范全国上下，从家庭伦理推广出家国同构，使百姓在家国中以社区为单位互帮互助、损有余以补不足。

中国传统历史上就已经有了"社区社会主义"的雏形。社区是组成社会的单元，以社区为基本单位的平等团结互助在中国有着悠久的历史传统。我国元代就设立了"社"作为农村的互助组织，以自然村落为基础，"凡五十家立为一社，不以是何诸色人等并行入社"①，明确要求社众和社与社之间在生产上要互相协助，而且有义务和责任为本社或者邻社"病患凶丧之家"提供人、财、物等方面的帮助。其主要目的就是通过"社"的组织和力量恢复与发展农业生产。这取得了很好的效果，并逐步在全国范围内推广。实际上，这就是一种通过政府的组织，把乡村居民之间原本就有的自发的、随机性的互助，变成了社会当中自觉的、常态的规范。"义"是中国传统文化中的含义极广的道德范畴，"义谓天下合宜之理，道谓天下通行之路"，它同时也是一种社会互助的组织载体。历史上我们有"义仓""义田""义学""义役""义社/渠社"等互助组织。"义仓"是设置

---

① 陈高华，张帆，刘晓，等. 元典章［M］. 北京：中华书局，2011：916-917.

在一村之内，通过政府监督、村社管理，以"备荒防歉"为目标的农村互助组织，在政府的积极介入下经过两宋的发展日趋完善。"义田"则是乡村里宗族内部相对富裕和有威望的村民捐资倡导建立，日常接济穷人，捐助生老病死等不足，不仅仅顾及宗族内部成员，还延伸到乡亲和所知道地域范围内的受灾民众。"义学"是一种免费教育，帮助那些贫穷家庭孩子能够接受教育。以上等等不一一道出，但已然可见，中国传统社会就已经存在着"社区社会主义""社会主义大家庭"的成熟形态。

二、社会治理体现社会主义的本质

社会主义往何处去？什么是社会主义？大多数人的意愿就是人类前进的方向。世界各国的社会主义成分会越来越多，越来越充足，这是历史的大趋势。西方资本主义国家通过吸纳社会主义成分来维系资本主义的发展，用"社会主义"来摆脱"资本主义"的危机，在医疗、住房、教育、养老四个主要公共事业领域不断提高和扩展社会福利，缓解与社会底层的紧张。

时至今日，看世界局势，政治强人上台，如安倍、普京、默克尔；极左主义抬头，如杜特尔特、特朗普；青年激进派的政治新星频现，如马克龙、金正恩、库尔茨；老人政治增强，如马哈蒂尔、埃塞卜西等。这表明：年轻的、年老的，左翼的、右翼的，富裕的、贫穷的，每个阶级都对社会现状不满，都在通过选票寻求自己的代言人，寻求出路，获得利益保障。2008 年金融危机至今已经十余年，但西方资本主义经济并未恢复到原有水平，再过 10 年、20 年、30 年呢？情况会好转吗？倘若社会底层民众仍然生活贫困，阶层差距增大而不是均等化，这种不满就会演变成绝望和激烈冲突，谁知道就不会再现一百多年前马克思指出的由于剥削和剩余价值等造成的革命后果？

这背后的实质则是：资本主义全球化推进全世界资本家联合起来了，

将所有的东西都异化为商品和资本。"家"异化为资本，信用沦为资本，作为社会的基本公共事业如教育、医疗、住房、养老都异化为了"资本"。本是给自由以保障的"资本"却成了人的自由全面发展的最大障碍。"资本主义全球化"实质促成了"剥削的全球化"，激起各国社会底层的焦虑与反抗，使得世界范围内掀起了极端民族主义思潮与反全球化思潮。人们所反对的，不是社会生产力巨大发展和普遍交往的扩大，不是全球范围内资金、贸易、市场、技术的流动，而是资本集团以牺牲世界人民利益为代价的全球化，是剥夺了世界人民创造历史从而走向平等团结的全球化，而这恰恰给了社会主义成长的速度与巨大的空间。

匈牙利在 1989 年时抛弃了社会主义，但在 2008 年金融危机中受到多重打击后采取了从"私有化"到"国有化"的过程，将养老基金、公用事业公司等进行了社会主义改造。福利社会主义的北欧模式在 2008 年后受到越来越多人赞扬，兴办大量国有企业，提高国企效率，"大集体"理念下的措施抵制了金融危机的肆虐，所以才有赞同北欧模式、标榜社会主义的桑德斯在美国总统初选中得到大量支持。委内瑞拉"21 世纪社会主义"以"社会凝聚"为基础，构建"以社区为核心的生产消费网络"，采用"合作企业"制度，强调平等、参与，反对剥削。

古巴社会主义主要亮点就是"高效益医疗"是政府的社会责任，是人民的基本权利，全民享受免费医疗。古巴制药业的三个社会主义元素，即"政府计划的全局性、国有机构的合作性与'以医促药'的家庭医生制度"发挥了重要作用。不丹注重国民幸福指数，一直实行五年计划，国有企业主导经济，提供全民公费医疗和公费教育，实现"幸福"现代化。这些都是极其明显地在公共事业领域均等化的做法，是非常"社会主义"的。

三、社区治理承担着社会主义的未来

古老的中国社会主义理念在当今再焕生机，结合马克思主义思想和现

实国情，不断与时俱进，中国的社会主义实践在世界上大放异彩。中国革命的胜利和建设的成就来自广大人民群众，来自群众路线的法宝。农村则是最广大群众的基础来源。20世纪后半叶，中国农村经历了深度和广度都堪称史无前例的社会主义实践，通过组织农民和合作化运动，围绕着集体开展的群众路线取得了成功。而在21世纪，中国社会主义新农村有了全新内涵，不仅延续了集体主义的社会主义内核，还吸纳了社会主义市场经济的改革成果，将国家治理现代化融入其中，为中国社会主义进一步发展提供了广阔的战略空间。也因此，在成立不到70年的时间里，中华人民共和国从世界上最贫困落后的国家之一，跃升到世界第二大经济体的高度。在拥有世界近两成人口的中国，社会主义建设事业方兴未艾，道路宽阔。当前，中国已经进入了新时代，这是一个注重以"社会"为中心的新时代，以"社会"为中心，就是注重社会公共领域的均等化，就是让每个人都有希望实现"美好生活的向往"，就是"以人民为中心"。

在当下及未来，一方面，人工智能极大地放大了资本的力量，频繁出现了再智慧社区，社区治理主要采用网络或者大数据等来进行。但是，越来越先进的技术手段并没有让社区治理更加容易、出现好的效果。原因在哪里？因为劳动的力量在这种巨大力量面前，显示出脆弱与无力，超级资本主义社会的虚拟化、信息化与智能化使得资本的力量放大到空前程度，更是加速了极度不平等社会的到来。另一方面，随着人工智能的发展，人类有了摆脱物质对人的奴役的最大可能，劳动不再是谋生的必要工具，而是人的自由的生命表达，正如马克思所指出的，"劳动成为人的第一需要"，成为一种能够让人得以全面发展的精神财富，这不就是社会主义吗？社会主义的发展起落沉浮，但只要人类还存在不平等和苦难，只要人类还对平等公正的未来美好社会有所期待，社会主义的道路就将继续砥砺前行。

党的十九大报告中指出：增进民生福祉是发展的根本目的。必须多谋民生之利、多解民生之忧，在发展中补齐民生短板、促进社会公平正义，在幼有所育、学有所教、劳有所得、病有所医、老有所养、住有所居、弱有所扶上不断取得新进展，深入开展脱贫攻坚，保证全体人民在共建共享发展中有更多获得感，不断促进人的全面发展、全体人民共同富裕。建设平安中国，加强和创新社会治理，维护社会和谐稳定，确保国家长治久安、人民安居乐业。实际上，这些大政策的落实、大目标的实现都有赖于公共服务均等化，都依托于当前的社区进行落实。

第三节　社区治理与公共服务

均等化是人类社会的共同理想，坚持公共服务均等化的社会主义方向是政治议题。2017 年的《"十三五"推进基本公共服务均等化规划》指出，基本公共服务均等化是指全体公民都能公平获得大致均等的基本公共服务，其核心是促进机会均等，重点是保障人民群众得到基本公共服务的机会，而不是简单的平均化。享有基本公共服务是公民的基本权利，保障人人享有基本公共服务是政府的重要职责。党的十九大报告明确指出：中国特色社会主义进入新时代，我国社会主要矛盾已经转化为人民日益增长的美好生活需要和不平衡不充分的发展之间的矛盾，必须坚持以人民为中心的发展思想，完善公共服务体系，保障群众基本生活，不断满足人民日益增长的美好生活需要。推进公共服务高质量发展正是更好地服务经济社会高质量发展和实现共同富裕的基础条件和重要保障，对于促进社会公平正义、增进人民福祉、增强全体人民在共建共享发展中的获得感、实现中华民族伟大复兴的中国梦，都具有十分重要的意义。

一、公共服务均等化与社会主义

公共服务均等化是社会主义本质的体现，是社会主义制度优越性的彰显，也是我们追求的目标。马克思认为，在未来社会中"社会生产力的发展将如此迅速，以致尽管生产将以所有人的富裕为目的，所有人的可以自由支配的时间还是会增加的"。① 恩格斯也指出，"我们的目的是要建立社会主义制度"，"是给所有的人提供充裕的物质生活和闲暇时间，给所有的人提供真正的充分的自由"。② 社会主义为走向公共服务均等化奠定了制度前提，而新中国成立以来一系列的制度设计也为实现这一目标探寻了一条适合中国国情的道路。这不仅仅是远大的理想和目标，不仅仅是一个物质层面上的现实存在，更是一种价值观、一种信仰、一种信念，拓展了开阔的眼界和崇高的共产主义追求。公共服务均等化是实现全面小康社会的要求，更是解决民生问题、化解社会冲突、促进社会和谐发展、体现社会公平正义的迫切需要。

公共服务均等化是我国建设服务型政府的要求。服务型政府的基本职能包括社会管理、经济调节、公共服务、市场监管等。服务型政府的关键点在于是为人民服务的政府，不仅强调要在经济发展的基础上，不断扩大公共服务，逐步形成惠及全民、公平公正、水平适度、可持续发展的公共服务体系，而且特别强调要切实提高为经济社会发展服务、为人民服务的能力和水平。

公共服务均等化是社会主义优越性的体现。社会主义的本质在于解放和发展生产力，消灭剥削，消除两极分化，最终达到共同富裕。公共服务均等化是实现共同富裕目标道路上的源源不断的动力之一，也是实现全面小康社会的途径。社会主义不同于资本主义制度的关键在于其代表最广大人民的根本利益。通过逐步努力和奋斗，全体人民共同享受改革成果，人

---

① 中共中央马克思恩格斯列宁斯大林著作编译局. 马克思恩格斯全集：第 46 卷 [M].
　北京：人民出版社，1972：222.
② 中共中央马克思恩格斯列宁斯大林著作编译局. 马克思恩格斯全集：第 21 卷 [M].
　北京：人民出版社，1972：570.

民在社会主义建设和生活中感同身受地体会到生活质量的提高。

公共服务均等化是避免中等收入陷阱的途径。2010 年，我国人均 GDP 就超过 4000 美元，达到 4382 美元，真正进入了国际公认的"中等收入"发展阶段，也是经济社会风险高发的一个非常重要的转折时期。国际经验一般认为，人均 GDP 在 400～2000 美元为经济的起飞阶段，2000～10000 美元为加速成长阶段，10000 美元以上为稳定增长阶段。当一个国家或地区的人均 GDP 达到 3000 美元时，意味着经济发展具备了相当的基础和一定的实力，将进入一个经济加速发展、人民生活水平迅速提高的活跃期，会给经济发展带来诸多机遇。同时受该阶段经济实力和发展水平仍然有限的影响，社会发展也会面临一些新的压力和问题。这些主要体现在贫富差距加大，社会矛盾冲突加大，社会不稳定因素增多。公共服务均等化则是缩小贫富差距、促进共同富裕、避免发展陷阱的途径之一。

公共服务均等化着眼于解决民生问题，将大大提升人民的幸福指数，有助于提升人们对社会主义的信心，增强共产主义崇高理想的凝聚力，使人们拥有共同的精神家园。人们从物质层面和精神层面体会到共同富裕的可行和共产主义理想一定能实现，从而增强信念。"十二五"规划纲要第一次提出"建立健全基本公共服务体系"的概念，在"以人为本，服务为先"的原则下，明确"推进基本公共服务均等化"的目标，逐步缩小城乡间基本公共服务差距。"十二五"规划把推进基本公共服务均等化作为各级政府的一项重要任务。"基本公共服务"短短六个字包含了服务的"质"和"量"两方面的内涵。"基本"是从服务的规模和范围上来看，是"量"的内涵要求，即广泛覆盖和全民享有。"公共服务"则从"质"的内涵要求，强调"公共"而非针对个体或部分群体的服务，同时强调了政府的职责和保障能力。

每年的规划纲要都从公共教育、就业服务、社会保障、医疗卫生、人口计生、住房保障、公共文化、基础设施、环境保护九个方面明确提出基本公共服务的范围和重点，涵盖了关系百姓切身利益的方方面面，这些表示我国将更好地履行政府公共服务职责，提高政府保障能力，表明我国站在经济社会发展的新起点上，着眼点从单纯的经济发展转向以改善民生为出发点的经济社会协调、可持续发展，并提出了具体的举措和目标，让人们对未来的幸福充满了希望和信心。

二、我国公共服务均等化快速发展

改革开放以来，我国对公共服务的认识不断加深，在均等化的公共服务供给上不断进行有力的探索，努力强化政府公共服务能力，着力实现基本公共服务均等化。2004年9月，党的十六届四中全会提出，坚持以人为本、全面协调可持续发展的科学发展观，推动经济社会统筹发展；重视扩大就业、再就业和健全社会保障体系；重视发展教育、科技、文化、卫生、体育等各项社会事业；重视计划生育等，切实采取有力措施解决地区之间和部分社会成员收入差距过大的问题，逐步实现全体人民共同富裕。2005年10月11日，中共十六届五中全会在通过的《中共中央关于制定国民经济和社会发展第十一个五年规划的建议》中，首次提出"按照公共服务均等化原则，加大对欠发达地区的支持力度，加快革命老区、民族地区、边疆地区和贫困地区经济社会发展"。2006年10月，中共十六届六中全会审议通过了《中共中央关于构建社会主义和谐社会若干重大问题的决定》，确定了2020年构建和谐社会的目标和主要任务，其中包括"基本公共服务体系更加完备，政府管理和服务水平有较大提高"，提出逐步形成惠及全民的基本公共服务体系，并把"建设服务型政府"作为重要内容。

2007年10月召开的党的十七大提出了"围绕推进基本公共服务均等化和主体功能区建设，完善公共财政体系"，进一步把社会建设列为全面建设小康社会的重要目标和任务；并确立了社会建设中改善民生、加快公共服务体系建设的基本方针和中心内容。党的十七大报告中指出，"缩小区域发展差距，必须注重实现基本公共服务均等化，引导生产要素跨区域合理流动"。2008年2月，时任总书记的胡锦涛同志在政治局第四次集体学习时的讲话，指出基本公共服务体系的建设构想包含三个层次：第一，公共服务体系建设建立在经济发展的基础上，应依据经济发展程度和水平，逐步建设。公共服务体系建设的指导思想是惠及全民和公平公正，但建设步骤要把握水平适度、可持续发展的原则。第二，基本公共服务均等化，是公共服务体系建设的长远目标，也是服务型政府建设的重要价值追求，但也需要逐步实现。第三，公共服务体系建设的关键是创新公共服务体制，改进公共服务方式，形成公共服务供给的社会和市场参与机制。通过公共财政、社会组织、企业与家庭的合作，发挥和体现财政资金的公益性价值，提高公共服务质量和效益。

2009年全国财政会议更加明确强调，加快以改善民生为重点的社会建设，重点加大教育、就业、住房、医疗卫生、社会保障等民生领域投入，并向中西部地区倾斜，以稳定和改善居民消费预期，拉动消费需求。2011年10月，中共十七届六中全会指出，"公共文化服务体系不健全，城乡、区域文化发展不平衡"，"到2020年，文化改革发展奋斗目标是：社会主义核心价值体系建设深入推进，良好思想道德风尚进一步弘扬，公民素质明显提高；适应人民需要的文化产品更加丰富，精品力作不断涌现；文化事业全面繁荣，覆盖全社会的公共文化服务体系基本建立，努力实现基本公共文化服务均等化"，并强调"必须坚持政府主导，按照公益性、基本性、均等性、便利性的要求，加强文化基础设施建设，完善公共文化服务网络，让群众广泛享有免费或优惠的基本公共文化服务"。此次会议正式提出，我国要构建公共文化服务体系，以公共财政为支撑，完善覆盖城乡、结构合理、功能健全、实用高效的公共服务体系。这些从文化教育方面对我国公共服务均等化提出了具体的要求。我国公共服务均等化从对理念的认识、实践的不断深化、制度设计上的不断完善，将公共服务均等化与社会主义本质紧密联系起来，为缩小贫富差距、减少贫富差距程度提供了解决途径。

党的十八届三中全会《关于全面深化改革若干重大问题的决定》指出要"建立健全现代公共文化服务体系"。紧紧围绕更好地保障和改善民生，促进社会公平正义，深化社会体制改革，改革收入分配制度，促进共同富裕，推进社会领域制度创新，推进基本公共服务均等化，加快形成科学有效的社会治理体制，确保社会既充满活力又和谐有序。《"十三五"规划纲要》明确了五大发展理念："全面推进创新发展、协调发展、绿色发展、开放发展、共享发展，确保全面建成小康社会"，提出要创新政府服务方式，提供公开透明、高效便捷、公平可及的政务服务和公共服务。2017年，党的十九大报告指出，完善公共服务体系，保障群众基本生活，不断满足人民日益增长的美好生活需要。这些都说明了我国持续提升政府公共管理能力与社会治理体系的现代化水平。当前，中国特色社会主义已进入新时代，创新政府购买公共服务对于提高政府公共服务质量与效率，具有十分重要的战略意义。2019年，党的十九届四中全会《决定》提出，"创新公共服务提供方式，鼓励支持社会力量兴办公益事业，满足人民多层次多样化需求，使改革发展成果更多更公平惠及全体人民"。深入贯彻落实这一要求，必将有力提升我国公共服务水平，不断满足人民日益增长的美好生活需要。2020年，党的十九届五中全会提出2035年基本实现社会主义现代化远景目标中指出："人均国内生产总值达到中等发达国家水平，中等收入群体显著扩大，基本公共服务实现均等化，城乡区域发展差距和居民生活水平差距显著缩小。"2021年，中国取得脱贫攻坚的全面胜利。在脱贫攻坚过程中，我国一直把城乡公共服务均等化作为解决相对贫困的必然内容，消除短板，加强制度改革创新，加快改变城乡二元化的格局。

"十三五"以来，以国家基本公共服务标准为基础的基本公共服务标准体系逐步形成。提高基本公共服务均等化水平，也是我国"十四五"时期的明确要求。经国务院批准，国家发展改革委联合 20 个部门印发的《国家基本公共服务标准（2021 年版）》（简称国家标准），为国家提供公共服务项目划定了标准、界定了范围、明确了责任，是健全基本公共服务体系的重要举措，是我国保障和改善民生的一次重大制度创新。2021 年版国家标准以服务对象为分类标准，增强了服务的精准度；按照"幼有所育、学有所教、劳有所得、病有所医、老有所养、住有所居、弱有所扶"的重要论述，重新梳理了基本公共服务项目，增强了广大人民群众依法享有基本公共服务的可及性和便利性。以标准化推动基本公共服务均等化，不断补齐基本公共服务短板，逐步缩小城乡、区域、人群间基本公共服务水平差距，不断提高人民群众的认同感和满意度。

三、公共服务均等化的落实依托社区治理

基本公共服务是由政府主导、保障全体公民生存和发展基本需要、与经济社会发展水平相适应的公共服务，是最基本的民生需求。基本公共服务范围，一般包括保障基本民生需求的教育、就业、社会保障、医疗卫生、住房保障、文化体育等领域，广义上还包括与人民生活环境紧密关联的交通、通信、公用设施、环境保护等领域，以及保障安全需要的公共安全、消费安全和国防安全等领域。可以看到，这些基本公共服务范围与个人紧密相关，因此公共服务均等化的主要落实就在于社区，在于社区治理的过程中。

实现公共服务均等化，是现代政府追求的目标。19 世纪末期到 20 世纪 70 年代末期，西方发达国家开始强化政府对公共领域的指导，推动公用事业等重要行业的国有化，建立和完善公共财政体制，要求公共服务均等化或均质化。加拿大、美国是实施均等化政策较早的国家之一，也是目前世界上比较典型的实践这一措施的国家，其公共服务均等化政策注意凸显联邦政府的作用，依靠联邦政府的力量推动公共服务均等化政策的执行与落实。欧洲是福利国家的发源地，欧洲许多国家采取的公共服务均等化政策与美国和加拿大的有所不同，重点在发挥中央政府作用的同时，更强调调动地方政府参与公共服务均等化。东亚的日本和韩国与西方国家的文化传统与基本国情不尽相同，因此，他们所实施的公共服务均等化旨在通过政府的政策引导和实践推动，如日本、韩国、新加坡等国，借鉴欧美发达国家实现公共服务均等化的经验，在公共财政、公共卫生、基础教育、公用事业、社会保障等方面进行有效的制度安排，使公共服务均等化程度维持在相对较高的水平，逐渐缩小地区差距，进而解决地区间发展不均衡的问题。

时至今日，中国式现代化已经成功践行了一条与西方现代化迥异的独特道路。讨论公共服务质量发展，必须突破西方模式，具有中国眼光和世界格局。中国式现代化的全面推进包含了基本公共服务的内容，而且更加丰富。改革开放以来，随着经济快速发展和政府财政实力增强，我国开始重视政府公共服务职能的完善。近年来，我国公共服务水平有了很大提升，基本公共服务均等化基本实现，为改善民生提供了有力保障。党的十八大报告就提出一个和全面建成小康社会同步的目标，或者说，内在于全面建成小康社会的目标："基本公共服务均等化总体实现"。与此同时，我国《国民经济和社会发展第十二个五年规划纲要》要求，"推进基本公共服务均等化，努力使发展成果惠及全体人民"。在这个过程中，公共服务均等化不断继续推进。

也要看到，与人民日益增长的美好生活需要相比，公共服务仍然存在一些薄弱环节，公共服务供给总体上仍然不足，布局结构还不尽合理。2017年，国家发展和改革委员会相关负责人就《"十三五"推进基本公共服务均等化规划》解读中就指出："当前我国基本公共服务存在规模不足、质量不高、发展不平衡等短板，突出表现在：城乡区域间资源配置不均衡，硬件软件不协调，服务水平差异较大；基层设施不足和利用不够并存，人才短缺严重；一些服务项目存在覆盖盲区，尚未有效惠及全部流动人口和困难群体；体制机制创新滞后，社会力量参与不足等。"①

新时代背景下，均等化公共服务、关怀弱势群体和改善民生成为社会治理的重点内容。社区发展治理与群众衣食住行、医疗养老、体育文化、生活环境息息相关。社区的主要工作任务有多项，基本涉及以上全部公共服务项目。通过实地调研，我们发现主要有以下几类：①承担政府职能的一些职能服务，比如计划生育方面的《生育服务证》，社会保障方面的个人社保、医保的购买，民政方面的老年证申办，劳动保障方面的求职登记、就业培训等。②公共服务，比如关爱老年人、残疾人、青少年等特殊群体，提供一些健康服务、康复服务、青少年法制宣传等。③文体活动的组织，按照"月月有活动，周周有安排"的原则，定期给辖区居民组织各类文体活动，通过服务提升居民的幸福感以及对社区的认同感，达到居民的自我服务、自我教育、自我管理的目的。④面向社区老年人、残疾人、孤儿、妇女、社区贫困户、优抚对象的社会救助、社会福利和优抚保障服务。⑤面向社区居民的便民利民服务。⑥面向社区单位的社会化服务。⑦面向下岗职工的再就业服务和社会保障社会化服务。

社区服务中心主要承担着辖区内"服务、管理、凝聚、维护秩序"四大功能，所有工作都围绕着四大功能展开。作为政府基层，社会对接部门多，工作内容繁杂，除了常规工作，更重的还有很多阶段性的工作：①党政工作部：顾名思义，党和政府。"党"的工作方面，有辖区党建、党员管理、党风廉政建设、思想作风建设、党员活动等。"政"的工作方面，主管精神文明建设、社区宣传、档案、远程教育等工作。此外，还负责承担了党和政府在一段时间内的重大工作。②社会事务部：主管社保、计生、养老、民政、残联、妇联等与居民切身利益相关的事务，和居民打交

---

① 本报记者. 2020 年基本公共服务均等化总体实现［N］. 经济日报，2017-03-03（02）.

道最多。③城市管理部：非常形象的说法就是"上管天，下管地，中间管空气"。诸如餐馆油烟、空气质量、路面井盖、安全生产、垃圾清理等工作都收入囊中。④群众工作部：帮百姓解决问题的部门。

国家公共服务的主要落实，就是以社区为单位展开的。"服务是最好的治理。"① 公共服务是否到位，很大一部分与社区工作紧密相关。因此，社区治理的好坏就在于是否将公共服务均等化落实到位了，这就要求高质量的公共服务下沉社区，按照满足人民群众日益增长的美好生活需要的最终目标，不断扩大普惠化优质化公共服务供给。今后，要进一步在基本公共服务均等化水平不断提升的基础上，以人民群众需求为导向，创新公共服务提供方式，更新服务理念、优化服务过程、完善服务体系，增强公共服务供给的针对性和有效性，使公共服务供给与人民群众个性化、差异化、多样化的需求更加匹配，让公共服务给人民群众带来更多获得感、幸福感、安全感。

第四节　社区治理与国家建设

政治学的核心是政权研究，政权研究在于政权建设，政权建设根本在于政权基础建设，政权基础建设通过社会基础最基本的单元——社区的治理来完成，通过治国理政来落实、巩固政权基础。基层的最基本单位是社区，社区治理是政权建设的关键。习近平总书记高度重视基层政权建设和社区治理工作，党的十八大以来，每到一地必到街道乡镇、城乡社区视察，提出了一系列关于基层工作的重要论述，为新时代基层政权建设和社区治理指明了前进方向、提供了根本遵循。

---

① 曹海军. 服务是最好的社区治理 [N]. 人民日报，2018-01-16 (05).

一、社区治理与国家建设的关系

民政部有基层政权建设和社区治理司，设置有专门的官方网站，即"全国基层政权建设和社区治理信息系统"。各省都设置有基层政权与社区治理处，可见二者之间的紧密关系。每年民政部还发布基层政权和社区治理研究课题，要求结合当前我国基层政权建设、城乡社区治理和基层群众自治等情况以及自身研究专长加强基层政权建设和社区治理研究。二者的关系主要体现在以下几个方面：

第一，社区是政府权力产生与政治生活落地的基础单元，社区治理是执行关于社会秩序的各类规矩。如果社区治理不能保证社会秩序，则负面影响政权建设。

第二，社区是党的领导和执政的工作场所，党在社区治理中的作为最能代表人民集团的利益。如果不能代表人民的利益，则负面影响政权建设。

第三，社区是党全心全意为人民服务的组织场所，党要组织和凝聚普通党员和社区居民解决自己的问题，如果党的组织能力下降，则会使社区团结受损，负面影响基层政权。

第四，社区是人们日常活跃的生活场所，社区治理是塑造社会整体价值观的重要载体。如果社区治理中不能凝聚团结人们，则塑造社会共识失败，影响政权稳定。

随着社会利益结构和组织形式的持续巨变、经济社会结构的加速转型，街道和社区（居委会）管理体制无论在机构设置、人员构成还是职能权限上都发生了变化。各地基层政权从国家建设和社会治理的角度，围绕"撤街强社"还是"强街扩社"推动了区—街道—社区综合管理体制改革，街道体制改革模式呈现出多元化特点。在改革实践过程中，由于国家基层政权及其派出机构依法要求社区（居委会）协助行政，导致了社区的行政化到再行政化的内卷化过程，严重影响了城乡社区建设和治理全面发展。实际上，基层社区及其治理变迁对我们深刻认知当代中国社会变化和国家政权建设的互动关系极其重要。

二、社区治理是日常政治生活的孕育和体现

在社会主义计划经济时期，国家政权通过单位来安排、组织社会和经济，形成社会格局；现如今，国家政权通过组织社会和社区来安排、调动、治理国家，形成现代社会格局。新的组织方式就是让社区来组织治理，社区治理是日常政治生活的孕育和体现。

随着社区建设的推广和推进，越来越多的经济生活、社会生活和政治生活在以社区为单位的层面展开。社区不仅仅是人们日常生活的场景，还是居民以及各个社会力量的利益交织点，更是人们日常政治生活的孕育和体现，体现了人与人的社会交往关系。这种"实际日常生活的关系，在人们面前表现为人与人之间和人与自然之间极明白而合理的关系"。[①] 社区治理的目标是把社区"建设成为和谐有序、绿色文明、创新包容、共建共享的幸福家园"，其中，有序、文明、包容、共享、家园，表明了社会的公共性，表明了社区空间对于民众日常生活的公共性和社会性。社区日常生活中的公共事项具有微观的、细小的、繁杂的特征，是每个个体必须面对的但又是单个个体无法独自解读的，需要与公共社会中的其他人或组织发生联系。潘维教授在《久安维持之道》和《信仰人民》等著作中就提出了社区居民的"大事""小事"之分，并且掷地有声地指出"小事比大事重要"[②] 的重大观点，直指当前社会根基稳定的关键。

2017 年 6 月 12 日，中共中央、国务院颁布的《关于加强和完善城乡

① 中共中央马克思恩格斯列宁斯大林著作编译局. 马克思恩格斯选集：第 2 卷［M］. 北京：人民出版社，1995：142.
② 潘维. 信仰人民［M］. 北京：中国人民大学出版社，2017：13.

社区治理的意见》（下称《意见》）开篇也指出："城乡社区是社会治理的基本单元。城乡社区治理事关党和国家大政方针贯彻落实，事关居民群众切身利益，事关城乡基层和谐稳定。"① 习近平总书记多次强调："社区虽小，但连着千家万户，做好社区工作十分重要。"社区内的事情虽是小事，但与人民日常生活密切相关，是党执政和国家稳定的基础。在《意见》中，关于社区治理的路径是这样指出的："实现党领导下的政府治理和社会调节、居民自治良性互动，全面提升城乡社区治理法治化、科学化、精细化水平和组织化程度。"解读开来，社区治理的路径主要有这么几个方面：党的领导、政府、社会、居民自治、法治化、科学化、精细化、组织化。

2017 年 10 月 18 日，党的十九大报告正式提出："要坚持把人民群众的小事当作自己的大事"和"加强社区治理体系建设，推动社会治理重心向基层下移，发挥社会组织作用，实现政府治理和社会调节、居民自治良性互动"。这表明我们的国家治理已经在着力于满足"人们对美好生活的需要"。社区虽小，但是组成基层的细胞。老百姓的日常生活组成社会运转的方方面面，"日常生活关系明白而合理"事关党和国家大政方针的落实。当前社区治理强调多主体，各个主体在社区内的互动关系、诉求表达和资源分配就成了社区治理"平衡协调"的关键。

在当前社会，充足跳跃的社会资本、灵活广袤的社会市场、蓬勃发展的各类社会组织在人们的生活中如影随形，使得日常生活关系极其复杂。在社区治理中，多个主体主要包括党、政府、社会和居民，各类主体的主要连接就是靠"组织"这个动作。各个主体之间的相互组织、主体组织居民、居民自治，都与"组织"密切相关。但如何组织？在不同的事件上由

---

① 新华社. 中共中央国务院：《中共中央、国务院关于加强和完善城乡社区治理的意见》［EB/OL］.（2017-06-12）［2023-06-28］. http：//www. gov. cn/zhengce/2017-06/12/content_ 5201910. htm.

谁来主导组织？谁来组织实际效果最好？不同的地方，其实践也不同，自然各个主体的影响力更不同，互动效果也不尽相同。因此，调查和探求社区治理中各个主体、主体资源分布（包括权限资源、经济资源、关系网资源等）及其各主体之间的互动关系是理解和解决"日常生活关系明白而合理"的重要切入点，也是不同社区治理运行方式选取的依据。这些都是值得探究的。

2019 年 5 月，为全面加强和改进城市基层党建工作，加快推进社会治理体系和治理能力现代化，夯实党在城市的执政基础，中共中央制定《关于加强和改进城市基层党的建设工作的意见》。城市社区党组织是党在城市社区全部工作和战斗力的基础。习近平总书记在党的十九大报告中指出："要以提升组织力为重点，突出政治功能，把企业、农村、机关、学校、科研院所、街道社区、社会组织等基层党组织建设成为宣传党的主张、贯彻党的决定、领导基层治理、团结动员群众、推动改革发展的坚强战斗堡垒。"抓好基层党建，不断增强基层党组织政治功能和组织力、战斗力，是巩固党的执政基础、加强基层政权的重要举措。

三、构建社区治理有机共同体

党的十九届五中全会提出"推动社会治理重心向基层下移，向基层放权赋能，加强城乡社区治理和服务体系建设"的重大战略部署，进一步明确了未来一段时期构建"社区治理共同体"的深远意义。

马克思认为，人是社会的动物，个人附属于群体，"人是最名副其实的政治动物，不仅是一种合群的动物，而且是只有在社会中才能独立的动物"①。个人只有依靠共同体才能实现其自由发展。"只有在共同体中，个人才能获得全面发展其才能的手段，也就是说，只有在共同体中才可能有

---

① 中共中央马克思恩格斯列宁斯大林著作编译局. 马克思恩格斯全集：第 46 卷 ［M］. 北京：人民出版社，1979：21.

个人自由。"① 在他看来，"自由人的联合体"是一种真正的共同体，实现人的自由全面发展也是真正共同体的最大价值和目标。如何理解"共同体"？在马克思看来，既然"共同体"是人与人相互关系组成的集合体，那么不同群体以及不同群体在不同发展阶段就存在不同的形态。共同体不同形态的演变与人的个性解放和自由发展的关系在马克思相关论述中贯穿始终。马克思为深入考察人的发展与经济社会发展以及共同体问题提供了一个新的理论视角。

社区是共同体。"Community"的翻译很大程度上既是社区，也是共同体。其内涵包括了前几章讲到的"公共"及"社区"。但不论是"社区"还是"共同体"，都不能仅仅只理解为一种地域上的含义，而是有归属感、共同价值观的精神共同体。社区治理共同体要达到的目标其实就是打造区域公共和精神公共的双重美好生活的有机共同体。社区在中文里最初指土地神，亦指祭祀土地神的场所，本身就代表着人们聚族而居的共同价值认同与文化纽带。社区因此不只是原子化个体的机械组合，而更应该是有着密切生活联系的有机共同体和精神家园。有学者提出，要实现城市社区的建设和发展，核心在于实现社区从一个单一的地域共同体到人们的精神共同体转变的社区再组织化，只有基于此才能真正实现社区治理体制创新，进而推进中国社会的治理体制创新。②

"社区"这一概念最早是由德国社会学家斐迪南·滕尼斯在其著作《共同体与社会》中提出来的。1887 年，德国社会学家滕尼斯出版了《共同体与社会》一书，100 多年来引发了世人对社区研究的热潮，至今仍然影响深远。在滕尼斯看来，"共同体是持久的和真正的共同生活，社会只不过

① 中共中央马克思恩格斯列宁斯大林著作编译局. 马克思恩格斯选集：第 1 卷 [M]. 北京：人民出版社，1995：119.

② 尹广文，林秀梅. 后单位制时代的中国城市社区治理：从地域共同体到精神共同体 [J]. 山西师范大学学报（社会科学版），2015（2）：44-48.

是一种暂时的和表面的共同生活。因此，共同体本身应该被理解为一种生机勃勃的有机体，而社会应该被理解为一种机械的聚合和人工制品"①。他将社区分为三类：地缘、血缘、精神共同体，是一种亲密关系的生活共同体。② 费孝通在滕尼斯原意的基础上首创出中文"社区"一词。他指出："好的 Community 必须有地区为基础，如邻里、村寨、镇、城郊甚至大至民族、国家都可以用社区来表示。"③ 发展至今，中国社会越来越关注社区发展中地域与精神双重有机共同体的重要性，正在全面开展的社区治理是国家建设的根基所在，是国家治理的基本单元。

社区是国家发展水平和人民生活品质的承载体，提升社区居民的获得感、幸福感、安全感必须从社区做起。构建社区治理共同体，首先是治理主体的共同体，即多元的社区主体，尤其是以居民为中心的自治主体，充分发挥居民自治的功能和优越性，不断提高社区企事业主体参与社区治理共同体的主动性。其次要真正将群众路线落实到社区治理中。群众路线是我们的看家法宝，是做好基层群众工作的工作路线和组织路线。坚持以人民为中心，落实在社区里就是以社区居民为中心，社区的事就是关系千家万户的事，就是治理中的"大事"。只有走群众路线才能知晓群众的需求和诉求，才能聚集群众力量，做好基层治理的各项工作，真正体现出"权为民所用，情为民所系，利为民所谋"。最后要不断创新，找到共同体构建的多元路径。在信息化发展和大数据技术的现代社会，要以现实社区治理组织体系为基础，充分利用互联网、物联网等技术，搭建不同形式的虚拟主体参与网络，通过居民协商、协理，实现社区治理的线上与线下全覆盖。

"社区治理共同体"是社区成员在不同组织体系承载下连接而成的拥

① 滕尼斯. 共同体和社会 [M]. 林荣远，译. 上海：商务印书馆，1999：53-54.
② 黄杰. "共同体"还是"社区"？[J]. 学海，2019 (5)：12.
③ 费孝通. 费孝通文集：第13卷 [M]. 北京：群言出版社，1999：19-20.

有共同价值规范，通过民主协商的程序与原则，实现社区公共利益的治理主体形态。"协商治理"在社区治理共同体的塑造和形成进程中起关键作用。

第四章 协理：协商民主
构建社区治理共同体格局

　　基层协商民主是社会主义协商民主体系的重要组成部分。党的十九大报告 8 次提及"协商民主"，强调要统筹推进"政党协商、人大协商、政府协商、政协协商、人民团体协商、基层协商和社会组织协商"。在推进国家治理现代化的重大战略部署下，协商民主体现了全过程人民民主的真谛，它既是落实党的群众路线、实现人民当家作主的制度保障，也是深化基层群众自治实践、实现和维护好基层群众利益的客观需要。值得注意的是，基层社区是协商民主的最广泛阵地。在各地广泛开展的基层协商民主和城乡社会治理的实践中，浙江省诸暨市作为"枫桥经验"的发源地做出了诸多有益的探索，为健全"自治、法治、德治"相结合的乡村治理体系提供了镜鉴。

第一节 "协商民主"是中国特色社会主义
独特的人民民主

　　中国特色社会主义民主政治制度的重要特色就是以发展协商民主为现

阶段民主政治的重点。正如习近平总书记指出的，"协商民主是中国社会主义民主政治中独特的、独有的、独到的民主形式，是中国共产党人和中国人民的伟大创造"。习近平总书记指出："在中国社会主义制度下，有事好商量、众人的事情由众人商量，找到全社会意愿和要求的最大公约数，是人民民主的真谛。"①

一、协商民主是我国独特的人民民主

"国家治理"不仅是"政府治理"，而且是包含政府治理的。黑格尔就论述过"国家、政府、社会"及其相互关系。"政府治理"只是"国家治理"的一个有机组成部分，但不是唯一形式，还有"政党治理""人大治理"和"政协治理"及"社会治理"。所以，研究"政府治理"一定要研究它与其他三种治理之间的关系以及协调。

"国家治理"包括"政府治理"与"社会治理"之间的互动。"社会治理"是"政府治理"的基础，"社会治理"在"国家治理"的立体架构中是一个基础平面，并且这种"平面"情形也在不断地发生变化。"国家治理现代化"包含着"法治现代化"和"政治现代化"。"法治"和"政治"属于"治理"范畴的两个视角维度和两种方式方法，要研究管理、处理、调理、整理、治理各自的方法和彼此之间的系统性问题。一定程度来说，"管理"大部分是指常态化的管理；"处理"主要是应付问题；"调理"主要是解决机理问题；"整理"主要是解决秩序问题；"治理"则需要深入纹理来解决问题。我们需要"法治"和"政治"并举并重的时代，这是"治理"结构的新态。治理结构往往是政治能力的一种反映。但政治能力既是社会能力，又是社会能力的代表，更是社会能力的超越。到"社会能力"发展成"政治能力"的时候，它不仅会呈现一种多维状态，更会

---

① 习近平. 习近平谈治国理政：第三卷［M］. 北京：外文出版社，2020：295.

呈现一种立体状态。这种立体和多维的状态由领导力、执政力、代表力、执行力和协商力等社会之力构成，组成了一种现代政治力的立体架构。其中，"政协"的力量就是协商力量，"人大"的力量就是"代表"的力量，"政府"的力就是执行力。"中国共产党的领导是中国特色社会主义的本质特征"就体现在中国共产党本身的领导力及其对自身的执政力和其他三种政治力的领导上。这是对国家政治权力的顶层和初心的设计。

"协商民主"属于"民主"的一种形式。由于"民主"的主体"民"的内涵和外延的不同，决定了"民主"的方式也有不同。"民主"一定是一种"作主"的方式。没有形成最后"作主"的结果，就不能说是"民主"。由此形成了"协商民主"与"民主协商"的不同："协商民主"是"民主"的一种形式，但"民主协商"只能是"协商"的一种形式。"协商"可以有结果，但也可以只是一个过程。"民主"不仅是一个过程，更是一个结果。

人类"民主"的发展是渐进的，也是永无止境的。"民主"发展到近代资本主义时主要就是一个"选举民主"的程序或形式。应该看到，"选举民主"对人类"民主"发展的历史性进步作用。但同时还要看到，这种历史性进步在现代社会和社会主义社会中又显示和暴露了其程序性和滞后性。"资本主义"和"社会主义"社会之间的区别在于，"资本主义"的核心是"资本要素"，而"社会主义"的核心是"社会整体"。这决定了"资本主义"的发展以"利益"为核心，而"社会主义"的发展以"社会和谐"为核心；"资本主义"的发展以个体的"公民"为基础，而"社会主义"的发展以整体的"人民"为基础。

在整体的"社会主义"社会里，"人民"才真正体现了一种"不可数"性质。这意味着，对 people 所概括的群体是一种"不可分"是"多数人"还是"少数人"的状态，一种"不可分"百分比是多少的状态，一种"不可分"有产者和无产者或中产者的状态，一种"不可分"阶级和阶层的状态。"人民"即 the people 是一个人的有组织的状态，"人们"即 people 是一个人的无所谓组织的状态。应该知道，通过"表决民主""投票民主""选举民主"来解决的是"可数人"的矛盾问题，但它解决不了"不可数人"的矛盾问题。这也就是为什么现代社会不能像近代社会那样只靠"选举民主"就能解决问题的原因。

二、协商民主在国家治理中的实践需要创新

以习近平同志为核心的党中央审时度势地提出了"人民政协是人民民主的重要形式""社会主义协商民主，是中国社会主义民主政治的特有形式和独特优势，是中国共产党的群众路线在政治领域的重要体现"的论断。这个论断也揭开了对"现代民主"与"近代民主"有所区别而又必须创新的序幕。虽然对何时为"现代社会"的起点标志还有争议①，但现在已经是"现代状态"毋庸置疑。这也是为什么人类社会进入现代之后乱象频出的原因之一：社会已经在要求"整体机理"，但政治还在"分析状态"；社会已经进入"对话、谈判、商量"的复杂状态，但政治还在"少数服从多数"的简单"选举民主"状态。"协商民主"就是中国社会主义民主对人类现代民主的一种创新性贡献。

虽然"协商民主"是现代政治概念，但"协商"本身是人类社会一直都有的社会现象和社会能力，区别在于是否系统、是否形成了制度。它其实是对"商量"的继承和发展。可以说，"商量"是人类文明的摇篮和文明发展的催化剂甚至标志。"商量意识"是人类从"世界"进入"社会"的一个重要的里程碑意识，后来发展成人类解决问题和矛盾的一种政治方式。自从人类有了"商量"之后，文明就在其中慢慢酝酿和发展起来

---

① 对"现代"时间的世界界定，一般有四种观点：一是以 1917 年"十月革命"为界，二是以 1945 年"二战"结束为界，三是以 1991 年苏联解体为界，四是以 2000 年进入 21 世纪为界。

了。但古老和传统的"商量"一般只是双边和双方的。只有当"商量"的主体进入一个"多边"和"多方"状态的时候，"商量"才转为协商。这可以从"协"的繁体形态分析："協"字右半部是一个"三力"，而总体又是一个"三力之和"。"三"是中华传统文化中最小的虚数，从中看出，"商量"发展到现代已经到达一个"多方主体合力商量"的层次、境界和状态。

"协商"或者"商量"机理在古代社会和近代社会中往往是背后的。那时候，主要是军事和资本的强权力量。凡是有利可图的地方，都是被军事和资本的强权力量所控制的。被军事和资本的强权所控制的社会越来越立体化和"金字塔化"，其层级也会越来越多。于是，"商量"就会被压缩和退缩到了最底层的基层层面、生活层面和社会层面。它甚至还成了一个没有政策引导力、行政强制力和法律底线力的位于底层的基层"扁平社会"运行的主要机理。绝大多数人在绝大多数时间里生活在这样的一个没有政策引导力、行政强制力和法律底线力的基层"扁平社会"里，亟待"商量"来联系、构筑和运行社会及其生活，而他们也习惯了这种由"商量"构筑和运行的社会生活。

"政协"，顾名思义就是"政治协商"。"政治协商"是"协商"的最高状态，是对"政治"的协商，一般又体现在"政策协商"上，具有立体性，是"衡力"的最高状态，是"权衡之力"的两轮两翼之一。中国政治历来讲究"权衡"。要清晰地认识到，"政治协商"其实是从"经济协商"逐渐发展而来的。"经济协商"产生和发展了"商人"。"商人"是最有协商能力的人。协商的事情多了，协商的人多了，"协商社会"就形成了。"社会协商"最典型的现象就是"老娘舅"式社会角色的出现和作用。只是现代的协商机理、功能和作用与传统的政治力有所不同而已，它更多地掺入了一种由横向力、平衡力、均衡力、协调力和商量力组合而成的协作力。它的作用力的大小取决于人们对它认同度的高低。

究竟怎么理解习近平总书记关于"加强"和"改进"人民政协工作的重要思想呢？应该把"加强"和"改进"人民政协的工作一方面放在改革开放40年的大背景中去审视，另一方面放在"国家治理体系现代化"的程序当中去审视。它的创新深度，其实是一个长期战略布局及实施的过程。核心是，习近平总书记所说的"加强"是什么、"改进"又是什么。

一是要把"政协"的地位"加强"起来。有作为，才有地位。有地位，才有作为。把"政协""加强"到一个可以与"人大"同等的地位，成为国家"权衡力"机构的一个组成部分。民主产生权衡力——选举产生权力，协商产生衡力。没有衡力只有权力的政治力是失衡的。失衡政治是畸形政治的基础。现在中国政治力的结构是，人大用票决方式通过制定法律产生权力；政府用决策通过制定政策产生执行力；政协用协商方式通过会议产生衡力。由此来看，"民主"同样需要抗衡、平衡和均衡。

二是要把"政协"在方法上"改进"一下。"协商"首先是一种方法。改进方法既是提高能力的基础，又是能力提高的体现。要"改进"政协组织和委员的履职工作内容及其方法，增加"协商民主"的方法，这都是为了提高"政协"的"协商"能力，以提高"协商"的成功率。以前主要提"监督、参政、议政"。党的十九大做出中国特色社会主义进入了新时代的重大政治论断，提出我国社会主要矛盾已经转化为人民日益增长的美好生活需要和不平衡不充分的发展之间的矛盾，确定了把我国建设成富强民主文明和谐美丽的社会主义现代化强国的宏伟目标。也因此，在2018年，全国政协通过了《中国人民政治协商会议章程（修正案）》。党中央对"政协"的工作要求已经越来越明确、越来越重视。政协章程的修改，坚持以习近平新时代中国特色社会主义思想为指导，充分体现中共十九大提出的重要思想、重要观点、重大判断、重大举措。"政协"的"协商民主"现在已经到应该加强制度设计的层面。这也是改革开放40多年到目前应该达到的一个新的里程碑的层面和程度。《政协章程》规定，要

"把协商民主贯穿履行职能"——"政治协商、民主监督、参政议政"的"全过程"。这样的修改有利于人民政协把协商民主贯穿政治协商、民主监督、参政议政全过程，形成完整的制度程序和参与实践，在推进协商民主广泛多层制度化发展、推进国家治理体系和治理能力现代化中发挥不可替代的作用。

三、基层协商具备立体的协商结构与凝聚功能

党的十八大以来，我们党进一步发展了"对全国性的、地方性的、基层单位内部的重大问题的协商对话，应分别在国家、地方、基层三个不同层次上展开"的理念。全国上上下下都要协商，而不是局限在某一级别，基层需要协商的事情更加繁杂多元化。这就需要"涉及全国各族人民利益的事情，要在全体人民和全社会广泛商量；涉及一个地方的人民群众利益的事情，要在这个地方的人民群众中广泛商量；涉及一部分群众利益、特定群众利益的事情，要在这部分群众中广泛商量；涉及基层群众利益的事情，要在基层群众中广泛商量"①。这就有了很强的现实指导性，有利于在基层开展协商，可以广泛形成人民群众在国家政治生活和基层社会治理中参与的机制，凝聚全社会的智慧和力量。

只有"协商民主"才是每一个人的"民主"，才是可以激活每一个人积极性和主动性的"民主"。"选举民主"的投票率越来越低且最低已经接近50%的地步，表明"选举民主"至今只是一个"部分人"甚至是少数人而不是"全部人"的民主。只有"协商民主"才是一种会引起所有人关注和参与的民主，才是一种有可能成为整体性、全局性、系统性和有机性"人民民主"的民主。"政协"的"协商"功能和能力就在于协作力、商量力及其凝聚力。一定要明确，"会协商"是一个能力概念。"政治协商"

---

① 习近平. 在庆祝中国人民政治协商会议成立65周年大会上的讲话 [N]. 人民日报，2014-09-22（02）.

与"协商民主"的关系其实是一种"政治协商是内容，协商民主是方式"的关系。"政治协商"所协商的内容是政治走向、政治问题和政治事务。

客观上看，现在的"凝聚"概念和任务又确实把"政协"工作带入了新的处境和境界。其中有一个问题必须给予认真思考："协商"的目的又是什么？以前"协商"的目的只是为了解决问题。现在，"解决问题"可能还只是"协商"的表象，真正目的是"凝聚"。"凝聚"虽然一定要以"解决问题"作为基础和依托，但也要认识到，有的"解决问题"的作用正好又与"凝聚"作用相反——不是"凝聚"了什么，而是"发散"甚至"耗散"了什么。在社会当中，民间的力量、智慧一直为中华民族伟大复兴做出它应有的贡献。在"协商"当中，不能忽略任何一个意见、任何一个个人、任何一个事件，而要把它们放到一个"协商"的层面上去讲和去读。这样，"政协"的工作才能真正"凝聚"全社会的智慧和智力。所以，"政协"就是最好最直接的"凝聚"。"凝聚"不仅有纵向的也有横向的，不仅是立体性更强、深度更深，而且是一种范围更广的多面组成的立体。

从加强"国家治理体系"的角度看，现在要"加强"和"改进"的是"政协"的工作。"政协"不仅应该成为国家权力结构中平面力运行的第三力，还应成为国家权力结构立体力运行的第四力。从物理力学上看，平面力运行的三力结构才是最稳定的力行和力撑结构。从"政协"的"协"的繁体字"協"字中也可以清晰地看出这个道理和原理。"政协"不仅是立体政治的第四力，还可以把其他的政治三力——执政力、代表力、执行力融合起来、凝聚起来和"统一"起来。社会主义协商民主是党的群众路线在政治领域的重要体现，这在党的十八届三中全会就给出了基本的定性，可以看出基层社区治理中的群众路线与协商民主的内在联系，同时也可以看出人民群众是社会主义协商民主的重点。

在中国的政治力量架构中，"政协"虽然不是国家最高"决定"性的权力机构——国家最高"决定"性权力机构是"人大",但"政协"是最高"平衡"性的衡力机构——协商的权力机构。中国自古就很注重"权衡"之术和"权衡"之力。"权衡力"是"权力"和"衡力"的一种组合。当"政治力"还主要是一个平面社会力的时候,它主要是一种平行四边形的对角线之力,基本是两力就可以形成第三力。但一旦到一种立体政治力形成的时候,它就是一种多维的立体力。其中就有最高协商权力与最高制度权力、最高行政权力、最高代表权力、最高领导权力之间的不同和互动。所以,社会力一般是一个平行四边形的平面力。它只要有两力就能产生第三力的合力。但政治力本身就蕴含着一种立体力的内涵,一定是一种三力及以上力的组合形成的一种"协力"(协同力量)。其构成的维度越多,就会越来越立体和越来越复杂,最后形成和产生"协力"。"协力"本身就是一种多维之力,现代社会就是一个用"协力"来推动社会进步的社会。推进协商民主,达成协同力量,有利于完善人民有序政治参与、密切党同人民的血肉联系,还可以促进决策科学化民主化。

当前,面临两个大变局的背景下,中国需要发挥"正能量"的"凝聚"功能。这种凝聚功能依托的就是各个层次的协商。这不仅是一个层次高低的问题,更是一个范围大小的问题。现在一般都讲层次问题,但"协商"上的"大小"问题主要是一个范围问题。简单来分,就有"小协商""中协商"和"大协商"三种形式。"小协商"主要是政协委员之间的个别协商,"中协商"主要是政协委员之间的界别协商,"大协商"主要是政协委员之间的会议协商。每个层次的协商在内容、程序和方法上都会有所不同。它们之间的不同不是主体之间的不同,而是方式上和内涵上的不同。全民协商主要来自基层。因为"凝聚"本身就是一种各种力的组合方式。这要求"国家治理体系"应该从"社会主义大协作"的角度去完善和加强执政党、"人大"、政府和"政协"的各自及彼此的协商能力。

"政协"的力量和发力在现实的权力运行结构中需要改进。自 2014 年

10月27日中共中央全面深化改革领导小组第六次会议审议通过了《关于加强社会主义协商民主建设的意见》，明确"人民政协是社会主义协商民主的重要渠道和专门协商机构"以来，"政协"的地位、功能和职能逐渐明确，地位也逐渐提升。但是，在现实中，如果把各种力放在一起还是很容易互斗、互损和互耗而难以团结和形成合力、协力和凝聚力。其中就有一个"凝聚"的机理问题。机理是既包含机动和机制两种程序和子机理的，又包含法律和政策两种功能和制度的，更包含技能和心态两种能力的。为此要特别注重"政协"的三种能力：一是政协委员的能力，二是政协组织的能力，三是普通基层协商的能力。但最主要还是一种聆听的能力，因为"民有所呼、我有所应"，听不到呼声就无法回应。而这种"耳听八方"的能力是以平等的能力、亲和的能力、谦和的能力、耐心的能力为基础的。只有这样，各级组织在协商程序中需要倾心，才能听到真正的民思、民想、民意、民智。

习近平总书记关于"加强"和"改进"人民政协工作的重要思想，不仅政协委员要认真学习领会和贯彻执行，各级党委也要从领导国家治理体系现代化的角度来贯彻和落实。这是一项关系中国国家治理体系现代化的问题。这是中国共产党领导中国国家治理体系和治理能力现代化的一件大事。这要求现有的政协委员和人大代表都应该在履职能力上下一番功夫。这就是提高他们的"协商力"和"代表力"的缘由，以及"领导力"和"行政力"之间的互动缘由。

"社会"是"国家治理"的对象。"治理"又归属于"理事"范畴。"国家"不仅是"治理"的一个主体，而且是"理事"的一个主体。从"理事"更广阔的视野看，它有一个从"点形理事"到"线形理事"再到"面形理事"又到"体形理事"的发展过程。在中国，现在应该或者亟须构建一个"等边三角立体形"的"理事"的体系、系统、架构、结构和方式。我们通常把它称为"四位一体"和"四梁八柱"一体化"理事"的架构——党委、人大、政府、政协的均匀布局和良性互动。这个状态作用的对象必须落到社会的最基层，才能塑造全过程民主的特质。

第二节 "协理"的全过程民主特质

2021年12月4日，中国国务院新闻办发表的《中国的民主》白皮书指出，在中国，国家各项制度都是围绕人民当家作主来构建的，国家治理体系都是围绕实现人民当家作主运转的，因此全过程人民民主具有完整的制度程序。白皮书还指明了"完整的制度程序和完整的参与实践，使全过程人民民主从价值理念成为扎根中国大地的制度形态、治理机制和人民的生活方式"。当前，最广大人民的广泛持续参与主要通过基层社区及其治理来实现，而协商治理正是社区治理最有力的抓手。

一、不断变化的社会基层必须发展"协商民主"

习近平总书记强调："民主不是装饰品，不是用来做摆设的，而是要用来解决人民需要解决的问题的。"大部分需要解决的问题需要通过基层社区开启进程。习近平总书记非常重视群众的小事。2019年春节前夕，习近平总书记走进位于北京前门草厂四条44号院内的"小院议事厅"，来自街道、社区、居民等方面的代表正在这里召开胡同院落提升改造恳谈会。习近平总书记同正在议事的居民亲切交谈，并指出："设立'小院议事厅''居民的事居民议，居民的事居民定'，有利于增强社区居民的归属感和主人翁意识，提高社区治理和服务的精准化、精细化水平。"从"小院议事厅"到"协商议事室"，从线下"圆桌会"到线上"议事群"，人们通过这些接地气、聚人气的民主实践，进行广泛协商，使利益得到协调、矛盾有效化解，鲜明诠释了中国民主是广泛真实管用的民主。① 这些都是通过基层社区治理进行的协商民主。

改革开放40多年来，日新月异的变化使基层社会发生新变化。"基层"经常处于被"管理""治理"所忽视的状态，或者只是被动的客体，而主体性不足。实际上，基层是社会和政权的基础，甚至是关系整体的细胞单位。基层有没有"商量"或者"协商民主"的机理，不仅关系政治上的"协商民主"有没有社会基础，而且还关系社会中有没有"协商民主文化"。遇事要商量，遇事多商量，遇事会商量，均属于"协商民主文化"的问题。中国历来有"协商"的传统。这种传统现在依然潜伏在中国基层的社会基础或者基因里面，甚至存在于每个人的心理层面和思维方式中。

基层社会治理的状况直接关系人民群众的切身利益，影响人们的安全感和幸福感。改进和完善基层治理需要每一个人的参与和努力，基层治理的改善也惠及每一个人。基层社会是矛盾纠纷频发高发的地方。相对于贫富差距和地区差距等宏观性社会问题，基层社会的矛盾纠纷主要是具体的利益冲突，具有可见性、经常性、多样性、复杂性、敏感性和易激化等特点。在基层社会治理场域，协商民主的蓬勃发展不仅契合了基层社会治理及其转型的现实需要，如通过平等对话来交换意见，求同存异，形成共识；通过对话和妥协来缩小分歧，汇聚多元社会主体的力量来解决复杂的问题，培育社会自治的能力，具有操作的便利性。

现在中国社会的基层组织比较涣散，凝聚力不够强。"协商"的传统及其能力发挥远远不够。当社会变成简单的原子式的个体简单的结合，而不是有机整体时，"协商治理"正是解决这一问题的最好融合剂，是基层社会"自治"的基本力量。前几年，学术界已经对"社会自治性"有了足够的认识，但对"社会自治力"的外延形式还缺少系统的梳理和严格的界

---

① 人民日报评论部. 中国民主是广泛真实管用的民主：坚定不移推进全过程人民民主 [N]. 人民日报，2021-12-22（05）.

定。"协商民主"是"民主协商"的状态，其实就是"商量"。有"商量"才有"社会"。人们可以"商量"了，说明人们已经具有了"社会意识"和"社会能力"。什么才是"社会意识"和"社会能力"呢？就是一种"我离不开你，你也离不开我"的在社会中相互依赖和依靠并且彼此作用和影响的意识。这其实也说明了"有事好商量、众人的事情由众人商量，找到全社会意愿和要求的最大公约数，是人民民主的真谛"的新理念。

二、重视基层"协商民主"建设

新中国成立后，特别是改革开放以来，具有中国特色的协商民主制度不断发展完善。在总结以往经验的基础上，党的十八大首次提出"健全社会主义协商民主制度"，尤其是提出了包括农村在内的广大基层要"积极开展基层民主协商"。党的十八届三中全会进一步将协商民主提升至"我国社会主义民主政治的特有形式和独特优势"这一新高度，要求"开展形式多样的基层民主协商，推进基层协商制度化"。2015 年，中共中央和中办、国办先后出台了《关于加强社会主义协商民主建设的意见》《关于加强城乡社区协商的意见》。前者对新形势下开展政党协商、基层协商等做出了全面部署，是指导社会主义协商民主建设的纲领性文件。后者则首次就城乡社区协商的内容、主体、形式、程序等做出了系统性部署。因为"涉及人民利益的事情，要在人民内部商量好怎么办，不商量或者商量不够，要想把事情办成办好是很难的。我们要坚持有事多商量，遇事多商量，做事多商量，商量得越多越深入越好"。

当前，各地政协开展的基层协商与社会治理在本质上是一致的，即紧扣基层改革发展的重大问题，围绕基层群众最关心最迫切最现实的问题，就基层教育、医疗卫生、劳动就业、社会保障、文化体育、社区建设等重大问题进行协商，做到察民情、传民声、解民忧、聚民心，把最广大人民群众的根本利益实现好维护好；通过有效沟通达成共识，以协商方式解决问题，推动改进党的领导方式和执政方式，保证党领导人民有效治理国家。"协商"不仅仅是政协机构的事，基层在协商的主体是多元的，正如我们在多个地方调研的社区治理模式一样，实际上是一种居民参与自治的渠道和平台。基层在这方面的实践走在了前列。如山东济南一些村庄通过党支部带领，通过干群恳谈会、党员议事会和"一事一议"、民主协商等方式，解决农村矛盾纠纷、协调各种利益关系，营造和谐共事、团结干事的浓厚氛围，实现邻里和谐、贫富和谐，取得了较好的治理效果。如浙江嘉兴的"民生议事堂"协商活动，有序推动政协工作向基层延伸，努力实现政协协商与基层协商相衔接、与基层治理相结合，破解"两个薄弱"问题。

新时代的"枫桥经验"是在解决社会矛盾的过程中创造的，并在基层社会治理实践中不断创新和发展、延伸至基层社会治理各个领域形成的一整套行之有效的基层社会治理方案，是中国特色基层社会治理的典范。枫桥镇坚持"党建统领、人民主体、三治融合、四防并举、共建共享"为主要内容的新时代"枫桥经验"。主要做法为：一是重群众自治，健全以群众自治组织为主体、社会各方广泛参与的治理体系。群众主体的自治和广泛的社会参与，避免了社会治理变成政府独角戏，有效破解了"政府干着、群众看着，政府很努力、群众不买账"的难题。坚持把基层事务决策权、管理权、监督权交给群众，推动民事民议、民事民办、民事民管，把党的政策主张变成群众的自觉行动。在健全完善村民（居民）自治的同时，推进村级社会组织标准化建设，打造一批新型的社会组织。二是重法治建设，强调运用法治思维和法治方式解决涉及群众切身利益的矛盾和问题。优化基层社会的环境污染纠纷、物业纠纷、医疗纠纷、交通事故等多层次、社会化、全覆盖的"枫桥式"矛盾纠纷大调解体系。构建公共法律服务体系，探索信访法治化处置机制等。三是重德治引领。以全国文明城市创建为龙头，扎实推进新时代文明实践中心全国试点，构建"实践中心—实践所—文化礼堂"三级体系，实现德润人心、教化群众，弘扬崇德向善新风，选树一批道德榜样、家风典范和文明示范。四是重视心治。建立社会心理服务体系，提升社会治理的科学化与专业化水平。面向社会普及心理卫生知识，因人因时因事制宜，把心理建设与青少年教育、特殊人群教育、特殊事件处置结合在一起，培育自尊自信、理性平和、积极向上的社会心态，使群众接受潜移默化的教育，进而感化人、劝勉人、鼓舞人、警示人。五是重视"智治"，创造性推动互联网大数据信息新技术与社会治理深度融合，探索"党建、互联网、社会治理"模式，突显"枫桥经验"新时代新特点。在全国率先建成刑事诉讼涉案财物管理中心和一体化办案系统。进一步办好互联网"线上议事厅"，打造"24小时不下班的网上政府"，深入开展全国"智慧安居"建设试点，开展网上立案、在线调解，建立在线矛盾纠纷多元化解平台。①

习近平总书记指出："'居民的事居民议，居民的事居民定'，有利于增强社区居民的归属感和主人翁意识，提高社区治理和服务的精准化、精细化水平。"协商民主在基层治理中的承载和体现也正在于此。

三、区别不同"场域"的协商

中国社会基层"不想当领导的居民"到处都有、随处可见，但"老百姓心中有杆秤"，大家都是讲"理"的。只要"理通"了，就会万事皆通；只要"理顺"了，就会万事皆顺。人们几乎生活在对好人好事的含蓄接纳、肯定和表扬之中。人们喜欢过一种比较平安、平缓和平静的生活。正是这样的社会，在遇事、处事和办事的时候，才会采取和采用和气"商量"着办的途径。在这种氛围中，也孕育了不少"协商"的智慧：用"道理"的方式来沟通人心和处理纠纷、矛盾、冲突。然而，不同场域有不同

① 徐良平. 坚持和发展新时代"枫桥经验"，打造基层社会治理的样本 [N]. 学习时报，2020-03-09 (05).

的特点，"协商"的内容、机制、心理也各不相同。

中国的社会基层已经发生变化，现在还在发生变化。新中国成立70多年来，以农村为例，中国的社会基层已有三次运行机理及概念上的变化：一是建立了"公社制"，二是转为了"乡镇制"，三是形成了"社区制"。中国社会的基层形态出现了更新、更小和更普遍的新形式。它们可以以"村落""小区""小群"为概念载体来概括和体现。这就需要进行梳理和分门别类。

1."村落"

它跟"村庄"不一样。"村落"是"村庄"的"前状态"或者"自然状态"。行政村与自然村有所区分，但村子里的大小事都可以协商。2018年，中共中央、国务院《关于实施乡村振兴战略的意见》提出，要依托村民议事会、村民理事会、村民监事会等，"形成民事民议、民事民办、民事民管的多层次基层协商格局"。村民自治是我国基层民主实践的新创造，有利于调动人民群众参与的积极性，逐渐形成民主选举、民主管理、民主决策、民主监督的基层民主实践形式。由于村民自治在实践中"重选举"而"轻治理"，造成了民主选举与民主治理的"脱节"。换言之，在村民自治实践形式中，民主选举单兵突进，其价值逐渐被广大村民所认可，而民主管理、民主决策、民主监督则进展缓慢。[①] 与选举民主不同，协商民主强调以对话为中心，村民可以根据公共事务的性质、涉及利益的范围、对活动场地和人员的要求等，采取灵活多样的协商形式，以增强协商的针对性，提高基层治理效率，在党的领导下，提升农村基层组织的群众组织力，将农村基层党组织的政治优势转换成乡村协商民主的发展优势，不断激发乡村治理的活力，打造共建共治共享的乡村治理新格局，推进乡村治理现代化。

---

① 廖清成，罗家为. 以党的群众组织力引领乡村协商治理［N］. 学习时报，2020-04-29（07）.

2."小区"

它不是"社区"，但在"社区"里。社区是若干社会群体或社会组织聚集在某一个领域里所形成的一个生活上相互关联的大集体，是社会有机体最基本的内容，是宏观社会的缩影。社会学家给社区下的定义有140多种。尽管如此，在构成社区的基本要素上，专家的认识还是基本一致的，普遍认为一个社区应该包括一定数量的人口、一定范围的地域、一定规模的设施、一定特征的文化、一定类型的组织。社区就是这样一个"聚居在一定地域范围内的人们所组成的社会生活共同体"。小区，是指在城市一定区域内、具有相对独立居住环境的大片居民住宅，同时配有成套的生活服务设施，如商业网点、学校（幼儿园）等。它可以分为城市住宅小区、居民小区，一般简称为小区。小区是指以住宅为主并配套有相应公用设施及非住宅房屋的居住区、花园住宅、住宅组团。"社区"比之要大一些。在城里，"社区"还不是基层，"小区"才是基层。在城市里，"社会"里头有"社区"，"社区"里头有"小区"，"小区"里头有"住宅"，"住宅"里头有"家庭"。所以，城市社会的最基层主要集中于"小区"及其空间内千家万户的事。

3."小群"

在此，它特指"微信小群"。但它一定不是"微信大群"。"小群"与"大群"的区别虽然也有人数多少的问题，但最主要还是"微信群"本身的组织与否的问题。现在的情况是，在"微信小群"中，一般"潜水"的多，活跃的少。在其中的每一个人都没有组织感，缺少组织的约束力。当前，社区微信群及公众平台，早已不再是单一传输社区服务的地方。居民线上活跃率往往高于线下，人们随时随地，只要动动手指就可以参与社区议事、反映社区问题、监督决策执行。社区工作人员应该充分发挥各个微信群在社区治理方面的作用（特别是社区公共问题），聚群众之声，促进问题的高效解决。移动互联网时代依托微信群在线协商社区公共事务的治理模式，作为一种崭新的基层治理理念和路径，正被很多社区全方位地推广实践。①"在线协商"可以就同一件事组成一个协商共同体，包含了多个主体，更易信息对称，更能保持便捷的时时互动，不仅开启了基层微治理、微协商的旅程，也为移动互联时代的社会治理带来组织变革、模式变革和公民变革，可能为中国社会的孕育和壮大创造契机。

由此得出结论，在这些基层的环境和氛围中，只能靠"商量力"和"协商力"来解决纠纷、矛盾和冲突。所以，"协商民主"既是一个政治概念，又是一个社会概念。在社会里，"协商民主"还是一种处理事情、矛盾和问题的机理。从政治角度来看，"协商民主"其实遵循的是"民主"的机理。而把"协商民主"归为"协商"的范畴及其机理，可能会有一些问题。它与"民主协商"两个概念之间需要重新界定。它们似乎有点差不多，但是仔细揣摩起来实际上还是有很大的不同——范畴和机理的不同。

四、基层的"民主"与"协商"的双重需求

基层对"协商"的需求不是一般的，而是强烈的。因为在基层，只有"商量"和"协商"才是自然的和生态的。所以，基层"协商"的减弱甚至消失就会引发社会的解体或者崩溃。"协商"越强，社会的凝聚力就会越强。这也决定了必须对基层的现代"协商"进行评估、测评和加强。

1. 协商过程

"协商"虽然是一种力量，但这种力量是产生于一个过程的。甚至有时候"协商"过程本身就能很好地自动和自然地解决问题。但它不能解决所有问题。这种具有过程性的"协商"具有启发性、抛砖引玉性和智慧性。它主要通过"协商"的过程让当事人双方或者多方知道怎么去解决他们的问题。这其实是基层"协商"最高的境界。所以，一定要树立一个

---

① 闵学勤，王友俊. 移动互联网时代的在线协商治理：以社区微信群为例［J］. 江苏行政学院学报，2017（5）：103-108.

"协商"是过程的概念。既然是一个过程，它就需要做到"三公"——公开、公平、公正。只要做到了，就一定会有力量。但这个力量的大小又取决于"协商能力"的大小。当真正达到一个要有意识去"协商"的过程中时，事态的发展已经有一些严重。最佳的状态是一种没有"协商"概念的"协商"。比如定期或者不定期地开一个会，或者在专门的微信群里，或者在专门的"村落"广播里，或者在专门的社区内部电视里通报一些事情、传播一些信息、交流一些情况。这些往往是"商量"和"协商"的舆论背景和舆论准备。由于这些信息是在"无协商意识"中潜入人们心理的，往往会起到一种潜移默化的效果。所以，大家在一起"走动走动"其实是最好的"沟通"方式。这种方式让彼此知道想法。而知道了对方、他方和彼此的想法本身就能解决问题。注意，它不能解决所有问题。所以，"协商"有时候就是一种抛砖引玉和智慧，就是通过"协商"过程让当事的双方和多方知道怎么去解决自己的问题，这也是基层"协商民主"的最高境界。

2. 协商能力

凡"协商"都有一个"协商能力"问题。人的能力都有一个有无、宽窄、大小、高低、强弱之别的问题。要"协商"的问题越难，所需要的"协商能力"就会越大、越高和越强。"协商能力"一般有"直接协商"和"间接协商"两种形态。其中，"间接协商"对党的执政能力要求更高、挑战更大。但凡是能力，都是可以通过培训而拓展和提高的。但每个人的"协商能力"又是不同的：有些人善于和擅长"协商"，有些人对要"协商"的事宜一筹莫展，甚至不知所云。"协商能力"是执政的主要能力。它的前提是要善于妥协：在什么地方妥协和在什么时候妥协；到底是直截了当，还是旁敲侧击，或是融会贯通，这些都展现了一个个体和整体的"协商能力"。应该说，对中国共产党组织和中国共产党党员来说，虽然一直在提高这方面能力，也在不断认识当中，但"协商能力"从整体看还是一个弱项。总的来看，我们的政党执政力和政府行政力还是偏于一种直接和简单的，有时甚至还比较粗暴。这种方式在战争和革命时期还有可能发挥作用，但在执政和建设时期往往是阻碍力量。

3. 协商阵地

把"协商"当作一个阵地来看待，还是一个新角度和新结论。"协商"其实是一个很大的市场，但对这个市场起主导作用的主体是会变化的。现在，重新占领"社会基层协商"阵地，是执政党的时代重任。"重任"主要在这样三个方面：一是执政党党员应该成为基层"协商民主"的主力，以解决基层事务及问题。社会基层虽然没有政协组织，但有政协委员，更有普通的党员。可以直接通过党组织系统既在基层发力，又向上和向左右反映情况，以求更大范围和更高层次的"协商"。二是基层协商力主要体现了执政党的领导力。党在基层的协商力是党的执政力和领导力在基层的具体体现。尤其是"领导力"，它既是"权力"和"执行力"，也不是"权力"和"执行力"。党员是先进代表，要发挥普通党员的模范带头作用。三是要把提高党员协商能力和能量作为基层党建的重点。要重点发展具有"公共素质"和"公共协商力"的人进入党内，要尽快培养党员具有"公共意识"和"协商意识"及其"公共能力"和"协商能力"。不是所有的人都有这种"协商力"。有"协商力"的人往往具有亲和力。有"公共意识"的人往往具有正义感。具有"协商力"的人往往很智慧。所以，占领"基层协商"阵地应该是执政党目前的重要任务。因为执政党的党员要在基层发挥"协商民主"主力的作用。党员在基层应该成为"德高望重"的人、主动维护"公正公平"的人。

中国共产党组织在社会中的布局在70多年中已经发生很大变化。新中国刚成立时几乎都是要组织化的。改革开放后，社会的组织化程度实际在降低、变弱和分散。加上流动人口增多和幅度增大，基层社会里出现了很多"非组织化"的漏洞。它导致了很多属于基层公共性的问题没人去关注和解决，也导致了很多公共秩序性问题成堆。所以，这也是中国共产党组

织进入基层"理事"的关键时刻。机不可失，时不再来。基层的文明建设
更需要执政党"党员群众"起模范带头作用。

第三节　"协理"在基层社区治理的可行性

中国的基层社会运行又遵循什么规律呢？它遵循"商量"的理念。现
在应该发展到一个"协商民主"的层次和境界。中国社会有"讲理"的传
统，人们遵循这样的思维已经习惯，实际上"讲理"就是讲道理，而不是
事事不经商量直接诉诸法律，直接上法庭。否则就变成了对立，即使解决
了问题，也伤害了邻里和睦的关系。这就需要不断加快基层协商治理的步
伐，寻找好的基层协商常态化的办法。将基层协商治理纳入"民主制度"
建设中不失为一个推进办法。

一、中国基层社会重视"讲道理"的传统

中国一向是重视讲"道理"，但它又重的是什么"理"呢？它主要是
重"法理""道理""伦理"和"情理"。除了"重理"外，它还"重
气"。社会基层就存在一个"血气相通""气脉贯通"的问题。这是中医
思维对社会的诊断和对策。与之对应，西方和近代医学都是注重"血"
的，比如说"血脂""血压""血糖"是多少，很少注意"气"。中国社会
虽然有段时间也在"重气"，但方向上应该是有所偏颇的——现在经济发
展都在强调"经济"，已经形成一个"财大气粗"的状态，但是忽略了
"理直气壮"的状态。现在，我们需要重塑"理直气壮"的概念和重建一
个"理直气壮"的状态。我们要讲"精气神"。习近平总书记讲了，我们
要"铸魂育人"。铸的是什么呢？就是"神"，就是"灵魂"。而"气"是
从"精"到"神"的一个关键要素。

"气"的前提是"理"。老百姓是最"讲理"和最"重理"的。"理"的最高层次和境界是"理想"。这决定了党在基层一定要注重"理想"。"理想"是"理"的一种形式，但更是一种状态。"理想"包含"信仰"又超越"信仰"。习近平总书记说过，人民要有信仰。党员要有高于"信仰"的"理想信念"。我们共产党员是讲"理想"的。"理想"和"信仰"在概念上很容易被混淆，并没有被梳理清楚和树立起来。包括我们的党员，甚至一些党组织领导对这两个概念都是混淆的。这是我们党建要特别注意和重点解决的一个大问题。

众人的事情由众人商量，是人民民主的真谛。党的十九大报告中指出"要推动协商民主广泛多层制度化发展""保证人民在日常政治生活中有广泛持续深入参与的权利"。"协商民主"是"民主"的一种方式。"民主"不仅是一种做主的方式，而且还要有做主的结果或者结论。而"协商民主"是实现"民主"的一个渠道和一种形式。在实现"民主"方面，它与"选举民主"是一种对应关系，但不是一种对立关系。"协商"是一种能力。这种能力最早在商人身上表现得最充分。凡事都可以商量，甚至还可以把"出价权"交由买方："你说你可以出多少钱。"商人有时甚至可以以一折就把商品卖出去。因为他在以前已经把这批货物的成本甚至还有不菲的利润收入囊中了。所以，实现"协商民主"，"协商能力"很重要。"协商能力"包括"沟通能力""谈判能力"，是一种比较难以学习和掌握的能力。历史上的说客、使者都具有这种能力，但具有决断力和执行力的人大多数在这种能力上是弱项。"协商能力"特别讲究技巧和智慧，而且还要特别善于发现对手的思维空隙和漏洞并要及时进行工作。"协商民主"又不同于"民主协商"。"民主协商"是"协商"的一种方式，"民主"是对这种"协商"方式的界定和限定。

二、村民协商民主是现代农村新的理事方式

村民协商民主是一种现代农村"理事"方式的探索。国家的发展进入现代之后其实就是一种"民主"的发展。这是现代性与近代性的不同之处。现在社会的发展是民主推动经济的发展。但在近代，还只是一种简单的单方面的经济发展，也是一种经济推动民主的发展。所以，在现代，民主的完善与否决定着国家的发展与否。民主的发展同时也成了国家治理体系和治理能力发展的主要内容。而村民自治和协商民主是探索和构建国家治理体系和治理能力的两个重要内容及制度设计。到目前，它们几乎还是各说各的，没有交集，更少有对这方面彼此包容的研究、创新和实践。但这既是国家治理体系和治理能力现代化落实的两个重点，又是村民自治和协商民主两大内容各自发展的其中一个方向：应该把"协商民主"落实到村民自治中去，再使村民自治在"协商民主"中发展起来。

1."村民自治"的国家治理基础

村民自治不仅是一个地方发展的基础，更是国家治理的基础。这也是国家赋予一个地方政权必须担当的一个历史责任。村庄及其社区中的"村落"和"小区"应该是国家及其治理结构的最小单元。它的分布之广、它的触角之细、它的承载之重、它的基础之深、它的氛围之浓、它的影响之远，都是无法代替的。它是一滴水，可以折射出国家治理的宏伟构想、大政方针、政策导向、社情民意和发展趋势。中国历来是城市支撑国家，农村包围城市，村庄构成农村，"村落"构成村庄，"小区"组成社区。不仅城市的发展空间来自农村，而且城市人口都是从农村发展而来的。所以，村民自治不仅是国家治理的有机组成和不可或缺的部分，而且还是国家治理的最初和最基础的体现。尤其是对以农民为基本单位的国民基础来说，"得民心"主要是"得农民心"。历史上每一个朝代兴旺不一定取决于农民，但衰败一定与村民密切相关。"村庄空心化"实际就是国家基础空心化。所以，稳定村庄人口基本构成及其规模，保持村庄的持续稳定发展，是村民自治的主要内容。

"村民自治"不是一个对村民的传统和狭义的控制概念，更多属于村民及其生活"村落"的发展概念。村民要在自我管理、自我教育、自我服务、自我监督和自我发展等方面发挥一种积极的作用。它不仅会在消除贫困、防灾减灾、灾后重建、保持活力上发挥基础作用，更会在城乡一体化、乡镇振兴、农村发展上发挥更大的积极而重要的作用。这就需要充分地调动村民自治的积极性和责任性，需要深度激活村民的民智民力，需要重建村民自治的机构、秩序和制度。其中，村民的心理决定国家的心理，农村的稳定就是国家的稳定，农村的发展决定国家的发展，农村的秩序决定国家的秩序。保持了乡愁，就是保持了家国情怀。村民的自治社会又是农村社会的一种生态社会。生态有好坏，"自治"注重的是一种自我调节的功能和作用。它虽然不排斥自治与他治的互换，但反对他治对自治的过分、强力和重度的干预，而注重一种自然、轻松和放松的调养。

2. 党要加强对村民"协商民主"的"领导"

从中国共产党是中国特色社会主义领导力量上看，只要把村民自治放进中国特色社会主义事业中去审视就会发现，党必须加强对村民自治的领导。党应该重视对村民自治的领导。但"领导"不是"代替"。同时应该看到，在村民自治中的党的领导与平时所说的一般意义上的"党的领导"是既有联系但更有不同的。一般的领导是一种居高临下的强力甚至是强权，但村民自治中的党的领导基本是一种价值的引导力、有机的组织力和高度的协调力。其实，村庄是行政力最弱，乡愁和乡情又最重和最浓的地方。民约民俗支撑着村民自治的运行及其秩序。在村民自治中，党的领导应该进入这种运行秩序。党的领导在村民自治中的作用一般应该是一种"四两拨千斤"的太极功力，要学会和掌握顺势而为和借力发力的本领。对村民的组织要符合民主的逻辑和程序，村民作主是中国民主最初且至今还在持续和发展的民主形式。党在农村对村民自治的领导更多是一种"团结带领"。这也是一种在平等基础上灌输一种价值观的唤醒村民自省、自觉、自悟的教育和引导式的领导。

党的领导要靠党员的模范带头作用，这更多的是一种及时反映民情、集中汇集民智的领导，还是一种党员和村民心贴心的领导。村党支部一定要把村民过上幸福生活当成自己工作的目标和工作的路径。为此，党既要在"从严治党"的基础上达到"党要管党"的状态，又要激活党员"为人民服务"的宗旨，要明确为村民服务就是为人民服务的一种体现，要明白在农村实行党的领导主要就是为村民服务。对于村民的合理需求，农村党组织和村民党员应该依靠整个党组织的机构和力量帮助实施和实现。同时，党要在为村民服务中体现"共产主义远大理想"和"中国特色社会主义共同理想"，体现"社会主义核心价值观"，要发挥好作为普通村民的党员模范带头作用。党的领导作用一定要通过村民党员的模范带头榜样作用体现和表现出来。同时，村民党员还要收集村里的社情民意、发展乡愁民智。村民民心是社会民心的基础和基本。他们虽然人微言轻，但是聚小成大，聚沙成塔，民心似水，水滴石穿。水既可载舟又可覆舟，这就需要党来组织，发挥正向能量。

三、基层协商应纳入"民主制度建设"中

1. "协商民主"是居民自治的最新的制度设计方向

这个设计虽然不可缺少制度，但更不可缺少机构。究竟设计和产生一个怎样的机构才能把制度、理念和机理落实在村民自治之中呢？建立一个居民"协商民主"机构，有利于把协商民主常态化、日常化、深入化和细致化。与选举有一个"时间概念"、村委会领导有一个"管理概念"、党的领导是一个"政治概念"不同，协商民主才是一个真正意义上的村民自治概念。只有协商民主才是日常、小事、细致、情绪和情感的。有商量和好商量，就是"好说"。所谓"好说"，就是"好商量"，就是可以退让，可以包容、兼容、宽容和从容；就是邻里关系要和谐，要彼此鼓励并积极向上向善，要如沐春风、和风细雨；就是见发展，不嫉妒，见困难，

都帮助。

"协商民主"过程本身还可以宣泄和疏通村民恶性情绪和不良情感，是村民自治进入完善状态的一个思路和路径，也是基层治理的一个探索，是对村民自治全部依靠选举民主的一种补充。今天，经济社会快速发展，思想观念多元多变，征地补偿方案的制定，环境卫生管理的优化，社会治理手段的完善……在广袤的基层，涉及群众利益的决策和工作无所不在。有事多商量、遇事会商量，既是为了出共识、出办法，也是为了出感情、出团结。正如一位基层干部所说，基层协商在潜移默化中"构建了党群干群责任共同体、发展共同体"[1]，使多元主体的利益关切、政策预期在参与过程中得到有效整合。下大力气推动基层协商民主建设，不断提高基层协商效能，我们的工作才能得到群众更多的理解和支持。其中，设想、设计和构建一个村民"协商民主"机构尤为关键。一是有机构是制度的体现，二是有机构是稳定的表现。这个机构既需要由村民选举产生，又需要得到制度认同。这个机构目前已有"村民协商委"。它不仅协商村民与村委会之间的矛盾——解决发展与生活之间的矛盾，还要协商村民之间在本村范围里的事务，协商村民之间在村外事务中的矛盾，协商户籍村民和非户籍村民之间的矛盾，以及如何形成户籍民和非户籍民，发展乡村和村庄的合力。"协商"就是一种平等合作的商量。

我国的村民很长一段时间都生活在"发财致富"里，反而淡化了生活，忘记了乡愁。应该在"协商民主"的基础上成立"协作社"。在"协商民主"中，"协商"不仅是一种商量方式，还是一种民主形式和一种发展范式。要建立一种发展必须经过协商的机理和制度。村民党员不能有自己特殊的利益，所有村民的利益才是自己的利益。在"协委会"工作的人员都是义务性的、公益性的，这应该是村民党员发挥作用的好平台。

---

① 吕晓勋. 激发基层协商的治理效能 [N]. 人民日报，2018-05-16（05）.

2. 要把基层协商纳入"民主制度"建设中

习近平总书记强调："涉及人民群众利益的大量决策和工作，主要发生在基层。要按照协商于民、协商为民的要求，大力发展基层协商民主，重点在基层群众中开展协商。"信任始于坦诚，共识源自商量。广泛、深入的基层协商，早已被证明是实现民主的一种有效途径。党的十八大以来，从民主恳谈会、民情通报会，到社区议事会、村民决策听证会，丰富多元的基层协商民主实践，广开言路、博采众谋，动员大家一起来想、一起来干，为完善基层治理提供了有力支撑。事实证明，基层协商具有不可替代的独特作用，拥有广阔的发展空间。

"本地人民"占基层如一个"村庄"的人口总数的比例在不断缩小，最小只占到1/5，占1/3已是普遍现象。中西部地区很多基层的常驻户籍人口越来越少。对东部地区的基层，外来的中国人也属于"全国人民"的范畴。全国政协会议委员会应该"协商"全国人民在不同行政区划中的利益问题，全国政协会议各地委员会也应该"协商"在基层的"本地人民"和"全国人民"之间的利益关系问题。这时候，执政党要考虑这种利益的"协调""协商"问题，要把对"本地人民"与"全国人民"的"协商"纳入"民主制度"建设当中。它们关系中国共产党的执政问题。

对"政协作为我党统一战线组织"的"组织"应该有名词和动词两个角度理解。从动词角度理解，党对政协工作的领导就体现在党员对基层事务尤其是基层协商民主事务的参与上，党员在基层事务中要起到模范带头作用。因此，应该把党员在基层事务和生活中的表现纳入党员考核体系。这也是我党密切联系群众工作作风的一个具体体现。对"基层"应该给予"政权"和"社会"两个角度的理解。现在基层政协只到县区，乡镇有"统战委员"，但基层协商民主的工作要到"村落""小区"和"微信小群"。

"协商民主"和"村民自治"都是新生事物，把二者结合起来更是新生事物。对新生事物，我们既没有理论，也没有丰富的经验。即使有实践，也还难分伯仲。但其重要性已经毋庸置疑，都关系中国共产党执政与国家治理体系和治理能力现代化的成败。基层社区是国家的基础和单元，社区有序和民心稳定是社会有序和国家稳定的基础。实现社区治理过程中的民主协商要注意合理设置民主协商议题，严格遵守民主协商程序，坚持平等尊重的民主协商价值取向，常态化和临时性协商同时进行。当前应该加强这方面研究，并有所实践创新。

中国共产党现在有9000多万名党员。不论是党员干部还是党员群众都应该在基层发挥作用，应该在基层的协商民主中发挥作用。基层更需要党员发挥作用，党员在基层的作用是执政党执政力的基础。每一个党员都是基层具有巨大潜力的组织力量。我们过去对这支力量没有给予足够重视，对他们的榜样作用、文明引导和协商作用没有激活、组织和使用起来。基层治理情况复杂，需要进一步发挥党员在基层协商民主中的引领带动作用，充分运用协商手段，广纳群言、广集民智，从而绘就民心民愿的最大同心圆，为干事创业凝聚起更大正能量。

第五章 实例：三大社区治理模式的调研

　　基于以上考虑，立足于城市聚集区社区治理的前瞻性、典型性和问题解决急迫性的研究，根据"胡焕庸线"的南北分布规律，从地理上选择了位于发达地区的沿海地带，由北往南选取了位于北京、杭州、广州三个大城市的典型社区，调研其现状，将其社区治理的主体分别找出来，并深刻分析其性质、权限、资源，分析各自的利益诉求、参与方式和互动关系，梳理出当前社区治理的资源分布现状，并对参与方式和互动关系进行分析，梳理出了当前社区治理主体的几种模式：北京主要是以政府为主导的多主体互动治理模式，广州主要是以社会组织为主导的社区治理，杭州则主要倾向于复合主体共治的社区治理模式。通过三地调研，当前我们的社区治理在主体上已经明确，在主体各方面也基本都有清晰的位置与功能，但是在多个主体上如何分配资源、如何相互配合、如何组织内部成员以及居民共同合作形成合理有序的社区治理体系，真正保证居民"日常生活明白且合理"，符合居民的需求和共同利益观念，还处在理念不清、意识不够的阶段，需要进一步深入剖析，力图引发关于如何找到适合社区治理的广泛思考。

第一节　政府主导型社区治理模式

2017 年 6 月，北京市委书记蔡奇在中共北京市委十二次全会报告中强调要"以 21 世纪眼光规划建设管理城市"，要积极"探索超大城市治理体系"，并在党代会报告中以专章的篇幅集中阐述了"坚持人民城市为人民，形成有效的超大城市治理体系"等重大问题。党的十八大以来，习近平总书记两次视察北京，就北京的城市建设和管理等重大问题发表了重要讲话，明确了北京城市的战略定位，提出了疏解非首都功能、建设城市副中心、构建高精尖经济结构等一系列重要任务，集中阐述了"建设一个什么样的首都、怎样建设首都"这样一个重大的时代课题。本章以北京市朝阳区 A 街道下辖的几个社区为例，探讨政府主导型社区治理的现状、困境与问题。

一、关于"政府主导型社区治理模式"

基层社会是国家的细胞，政府既要做成大事，更需要做好小事，这是国家稳定的基础，是党执政基础坚固和稳定的基础。党和国家能够集中力量办大事，同样也要在基层社会治理上做好小事。作为首都，常住人口超过两千万，人口规模大、密度高，流动人口多，基层各项服务复杂且繁重，也因此北京的社区治理最令人关注，也最为典型。

北京的社区治理主要是采取"两委一站"模式。"两委"指社区党委（总支、支部），负责统领社区全局工作，指引方向；社区居民委员会，负责组织社区具体的居民工作，引导培育居民自治组织，实现居民的自我管理和服务。"一站"是社区工作站，作为街道的下派机构，专门承担政府在社区的行政性工作，完成具体行政性事务，为居民提供各类公共事务办理、帮助和服务工作。我们把这种称之为"政府主导型社区治理模式。"

社区工作站成立的初衷是让社区居委会从繁杂的社会行政事务管理服务中解脱出来，回归居民自治组织的本色。"两委一站"设置在同一栋楼办公，实行"一岗通""柜台式办公"。"两委一站"人员不属于政府公务员或者事业编，都是由区或者街道通过统一招考和聘用进来，每年中期和年终进行绩效考核，主要由上一级、同级和居民满意度的考核，包括投诉热线的回复等构成。另外，还设立或者即将设立"党社服务站"模式，将党员作为主体参与社区治理，起模范带头的作用。另外，还引入"一刻钟"服务圈、网格式管理、智慧社区（信息平台），以及一个由街道建设的统一的文化中心，设置统一办理行政手续的大厅。

社区主要承担社区居民的公共服务职能，以及党的建设和社区自身建设。以北京市朝阳区社区为例，以社区为主体的工作事项共计106项，需要社区协助完成的工作事项81项。目前社区的人员配备为平均14人，其中党委7人、居委会7人、服务站3人。社区党委承担的工作事项共计34项；社区居委会承担的工作事项共计75项，其中直接下派居委会的事项43项，需要居委会协助开展的32项；社区服务站承担的工作事项共计112项，其中直接下派服务站的事项63项，各部门下派到街道，街道确实无力承担又下派到服务站的事项49项。各职能部门需要社区建立的台账48项，下发社区的创建任务35个，在社区挂牌27个，需要社区使用或维护的信息平台25个，下发社区的指标10项，需要社区签订的责任书9项，在社区成立的组织机构有10个需要社区管理。另外，应急性任务多，如上级督查、组织居民选举、迎接环境卫生检查等，需要社区工作人员上街组织和维持。

二、当前政府主导型社区治理现状

当前，随着社会发展和人民群众需求的多样化，社区所承载的功能越来越多，社区基层担负的联系群众、宣传群众、组织群众、团结群众、服务群众的任务越来越重，基层社区治理作为工作基础越来越重要。社区组织直接面对一线人民群众，工作抓得好不好，直接影响党的路线、方针、政策的执行和贯彻落实，关乎党执政基础的巩固。以下以北京市朝阳区 A 街道各社区的调研分析为例。

1. 街道所辖社区基本情况

A 街道办事处成立于 1979 年 12 月 31 日，1981 年 1 月 1 日起正式对外办公。地处东三环路，毗连 CBD，面积 1.23 平方千米，在朝阳区 43 个街乡中面积最小，但同时是朝阳区人口密度最大的街道。其中老年人占比25%，老龄化程度较高。截至 2016 年 8 月，街道共有居民 17606 户，共48272 人，其中本市户籍人口 36230 人，人户分离 2503 人，流动人口 9240人，境外人口 299 人，外省市人口 9245 人。A 街道下辖 6 个社区，有 130家社区社会组织，80 多名社区工作者，2000 多名自管党员。

（1）A 街道 S 社区东邻北京市妇产医院，西至团结湖路，南连姚家园路，北接农展南路，占地面积 0.14 平方千米，属 CBD 功能服务区。社区成立于 2001 年 7 月，有居民楼 41 栋，133 个楼门，居民 3038 户，常住人口 8816 人，高层塔楼 7 栋，物业 8 家，流动人口 2162 人。

（2）A 街道 Z 社区，属 CBD 功能区范畴。社区占地面积 8 万平方米，有居民楼 31 栋。社区以居民区为主，辖区内有小学、京客隆明珠便利店和活动站等 11 家社会单位。

（3）A 街道 L 社区，属 CBD 功能区范畴。社区占地总面积 20 万平方米，有居民楼 36 栋。2005 年 5 月 12 日，成立了"司堃范志愿者爱心工作室"，目前已从最初的 16 名接线员志愿者发展到现在有 10 余家社会单位参与、上百人组成的志愿者服务团队。在司堃范志愿服务精神的带领下，社区成立了 15 支志愿者队伍。

（4）A 街道 S 社区，占地面积 0.24 平方千米，有居民楼 42 栋，2 个平房区。三中、朝阳区教育考试中心等社会单位驻在辖区，有七支志愿者队伍，分别为：治保巡逻、垃圾分类、助老、环保小卫士、党员应急小分队、文明养犬协会、民情工作室。

（5）A 街道 Y 社区，辖区面积 0.24 平方千米，有居民 4046 户、10661 人，住宅楼 51 栋，高层塔楼 15 栋，社会单位 128 个。

（6）A 街道 N 社区，属 CBD 功能区范畴。社区占地面积 0.31 平方千米，社区有居民楼 22 栋，驻区内主要社会单位 180 个左右。

A 街道辖区呈一小二少三大四多的特点："一小"指"地域面积小"，"二少"指"规模以上单位少、可整合利用资源少"，"三大"指"人口密度大、老年人比例大、残疾人比重大"，"四多"是指"空巢老人多、流动人口多、出租房屋多、小散单位多"。

2. 街道及社区机构人员设置

A 街道工作委员会与街道办事处，党与政府一套人员两块牌子一起办公，业务上分工但不分家，一共 22 个科室，其中，120 人为班子正式工作人员（公务员编制 75 个，事业编制 45 个，一般编制很少变动，除了处级领导每 6 年在全区内流动以外，科级及以下人员很少流动）；街道保安巡逻队为 30 个（合同制，由北京保安公司聘请）；6 个社区居委会共 82 名工作人员（包括居委会干部和社工，都采用先全区统一考试，再聘任，自由签订合同，一般一期 3 年）；A 街道城管分队 19 名工作人员，由街道代为管理；有 1 个派出所，归公安部门垂直管理，一共 36 名工作人员。

随着经济社会发展，社区管理服务职能从建立初期的人口普查、民政两大工作任务逐渐扩展到人口普查、治安、民政、劳动保障、计生、残联、综治维稳、调解、妇女儿童、禁毒防艾、统计、老年工作等，社区职能日趋多元化。各级政府与社区之间联系日趋紧密，政府部门的一些事务通过社区才能实施。

3. 街道社会治理经费情况

社区治理经费以政府拨款为主。以 2015 年为例，政府拨款为 1 个多亿，其中 90% 以上来自于区，约 9000 万，余下的 1000 多万为市里以专项资金下拨。近年来经费逐年上升。治理经费支出主要分为三大类，第一类是维持机构运转费用，如当年机关和社区人员工资、五险一金、水电气暖等刚性需求以及日常正常办公需求等 1600 万，第二类为民政低保、社救优抚、残疾补助等维持特殊人群最低生活保障的社保类支出 1500 万，第三类为主要业务项目支出，包括辖区内城市治理和建设、社区公益事业、综治维稳投入、道路交通、人防技防物防经费、绿化、楼道改造、居民文化生活设施及运转等，为 8000 多万。

随着每年人工物料等费用上涨，支出上涨。目前 6 个社区，社区工作人员工资等费用包含在第一大类内，社区自身业务工作运转如党建、社区公益、基层服务等由社区掌握情况提出申请，以业务项目经费下拨，每年每个社区工作经费为 40 万左右。政府购买社会服务由 2014 年逐步开始有起色，也鼓励居民积极参与，按照项目申请方式自下而上申请，按照 1∶1 方式配套资助（即市区 1，街道 1）。2014 年、2015 年街道办事处政府购买服务项目约 10 多个，购买金额 50 万，平均每个为 5 万配套。也有事后评奖，"以奖代投"的方式发放一定费用，授权街道办事处支付经费。关于街道经费开支审批的规定，5 万以下主任办公会研讨通过，5 万以上还要经过工委会（党口）进一步研讨通过。50 万以上的要按照政府招投标程序执行（由第三方评估是否有 50 万，多是长期合作的第三方评估公司，具有一定资质）。

当前，社区虽然在法律规定上是居民自治组织，但是如果缺乏政府经费，社区自身是难以募集社会有效的公益基金投入社区服务的。这是当前社区难以实现自治的关键因素。

4. 社区社会组织基本情况

社区社会组织是指由社区组织或个人在社区（镇、街道）范围内单独或联合举办的、在社区范围内开展活动的、满足社区居民不同需求的民间自发组织，是居民自治的重要平台和依托。

截至 2016 年 9 月，A 街道及社区等级备案的社区社会组织 130 家，组织成员 6000 多人。成立 10 年以上的 49 家，占 37.7%；5~10 年的 36 家，占 27.7%；5 年以下的 45 家，占 34.6%。100 人以上的社区社会组织 14 家，占 10.8%；50~100 人的 17 家，占 13.1%；50 人以下的 99 家，占 76.1%。大部分平均为 20~30 人。从类别上看，主要分为慈善公益类、生活服务类、社区事务类、文体活动类。其中，慈善公益类 27 家，占 20.8%；社区事务类 39 家，占 30%；生活服务类 16 家，占 12.3%；文体活动类 48 家，占 36.9%。文体活动类最多，为自益型组织。社区事务类以政府主导为主，起桥梁纽带作用，社区通过这类开展议事协商、畅通民意诉求，实现自管自治。慈善公益类、生活服务类、社区事务类的社会组织占 60% 以上，从自益型向互益型转变。为营造和激发社区社会组织的能量，朝阳区组织召开"社区创享计划"、优秀提案计划。2015 年以来，朝阳区共收集来自全区 31 个街乡 300 个社区的居民"金点子"10791 个，形成 2555 件居民提案，确定支持提案 651 个，解决小区服务管理难题 1400 多个。

社区中的民间领袖人物是自治组织动员的灵魂和关键。如"司堃范爱心工作室"就是关爱老年人的自发社会组织。司堃范是 1985 年南丁格尔奖章获得者，退休之前是朝阳医院护士长。退休后自己先做起来，为社区内老人服务，然后成立爱心工作室，吸引更多的志愿者参与，后得到政府认可，并获有一定的资金支持。

2018 年 1 月，《民政部关于大力培育发展社区社会组织的意见》出台，明确指出，社区社会组织要发挥以满足群众需求为导向，以鼓励扶持为重点，以能力提升为基础，引导社区社会组织健康有序发展，充分发挥社区社会组织提供服务、反映诉求、规范行为的积极作用。除此之外，更进一步指出了阶段性的建设目标："力争到 2020 年，社区社会组织培育发展初见成效，实现城市社区平均拥有不少于 10 个社区社会组织，农村社区平均拥有不少于 5 个社区社会组织。"这给社区社会组织指明了方向和目标。

5. 社区文化活动

A 街道文化活动中心于 2015 年 5 月落成，建筑面积地上 5 层，总面积 4916 平方米；地下 1 层，总面积 1013 平方米，内设了丰富的文化设施、体育设施等。其中，二层和地下一层设有健身房、乒乓球室、台球室，二至五层设有多功能厅、舞蹈室、瑜伽室、电影厅、图书馆等，并配备了 10 名专职人员，对活动中心进行管理。打造文化活动中心，是为地区居民的文化活动打造一个良好的场所。活动室针对地区文体团队免费开放。目前，地区 80% 的文体队伍基本在这里活动，舞蹈室、练歌房、乒乓球室、书法班等都排满了。更值得一提的是，社区文化活动中心的图书馆被认定为朝阳区图书馆第一家分馆，其内部藏书都是与区图书馆连通的，地区居民都可以免费借阅。

A 街道成立地区文联、开放社区文化活动中心。地区文学艺术界联合会作为由著名艺术家、辖区文艺团队、文学艺术工作者联合会组成的社会组织，是基层公益性文化服务体系的重要组成，通过在知名艺术家与公众之间搭建起桥梁，在文化知识传授、文艺精品创作、文化传承服务等方面发挥作用，丰富地区居民的文化生活。A 街道还聘请了国家一级演员、大学教授、书法家协会会员、知名音乐制作人等在文学艺术方面有较高造诣的工作者加入地区文联，定期组织和指导普通居民文艺团体，这在一定程度上提升了文艺素养，更重要的是促进了社会阶层融合，使名人和民众有了交流，也增强了社区凝聚力。

6. 社区流动人口情况

A 街道流动人口数量在不断变化，基本上在 1 万人左右。目前注册的流动人口 9240 人。街道设置有流动人口管理办公室，在下辖的 6 个社区都成立了外地来京人员和出租房屋服务站，配备 8 名协管员，和社区警务室一起建起 18 人的流动人口管理队伍。对于流动人口的管理原则主要是在"人口调控"的北京大政策下，采用"以房管人"的方法进行，根据出租房屋来制定。出租房屋管理与流动人口管理绑定在一起，使出租房屋的管理也至关重要。目前通过北京市流动人口和出租房屋管理委员会办公室的信息平台进行流动式的管控。

根据近期数据，可以了解到流动人口的各类分布。其中 Y 社区、S 社区和 Z 社区由于紧邻 CBD，所以入住在这里的流动人口比例较多，都在 2000 人左右，比例为 20% 上下。经过调查，截止到 2017 年 6 月，具体情况如下：

①从性别来看，男女比例基本持平，女性稍多，为 4750 人，占比 51%；男性 4531 人，占比 49%。②从年龄分布看，18 岁以下的未成年人为 169 人；18~35 岁的最多，为 5245 人，占 56.5%；其次是 35~50 岁的为 2515 人，占 27.15%；50~80 岁的为 1325 人，占 14.28%，呈现出两头小中间大的年龄分布，这与人口的劳动力功能紧密相关。③从受教育程度来看，高中以下（含高中）占绝大多数，为 6668 人，占 71.85%；本科、专科 2398 人，占 25.84%；研究生 215 人，占 1.78%。这与从业状况相关。④从从事的职业来看，根据统计，从事住宿餐饮业最多，为 1889 人，占 26.38%；信息软件业的为 871 人，占 12.16%；批发零售业 818 人，占 11.42%；其他从事居民服务修理、房地产、租赁商业服务、卫生社会工作、文化体育娱乐的只有 4%~7%，教育、金融、公共管理、交通、电力、国际组织等就更少了，分别在 3~150 人。⑤从民族分布来看，主要是以汉族为主，一共 8903 人，占 95.93%；其次是满族 153 人，占 1.65%；回族

56 人；蒙古族 55 人；朝鲜族 30 人；维吾尔族、土家族 14 人等，都占比
极少。

根据摸底调研，近 1 万名流动人口中有党员和预备党员 174 人，共青
团员 159 人。来源地中河北 1850 人，占 19.93%；河南 1089 人，占
11.73%；黑龙江和山东都为 720 人，各占 7.8%；其他省份都比较少。值
得注意的是，签订劳动合同的为 5156 人，未签订劳动合同的为 2006 人
（除去未成年人和 60 岁以上的 1000 人），还有 1000 多人未知。这些情况值
得社区在治理中进一步做细工作、做好服务。

三、关于政府主导型社区治理的分析

1. 本案分析

通过本案例调研，我们发现了以下几个具体结论，值得对这一模式进
行深入思考：

（1）不同的调研对象，不同的治理感受。基层街道和社区工作人员认
为自己已经提供了非常多的服务，工作繁重，事无巨细，居民们则认为政
府的服务还远远不够满足美好生活的需求。

（2）不同的治理感受，却有相同的治理观。政府人员认为，居民缺乏
参与和配合，自治意识也不足，作为基层服务机构，完全是自己在独角戏
或者双簧（党与政府）治理社区，不堪重负，着实委屈。社区居民认为，
社区并没给提供合适的平台和渠道让大家参与决策和治理，咨询问题和解
决问题较为艰难，自己也很委屈。

（3）相同的治理观，不同的治理期待。社区管理服务人员希望人民自
觉主动解决力所能及的事情，按照政策规定和各类实施细则自治，形成
"党委领导，政府执行，居民参与"的交响乐格局。社区居民期待的则是
政府能够先服务好日常生活中亟待解决的各类小事，在一些问题上设置好
议程和规则，让群众组织起来自治，形成"居民自下而上的细小需求得到

解决，自己有决策权，党和政府以真诚的、实质性建议和大力扶助支持"的交响乐格局。

（4）引申思考。第一，存在政府和社区工作人员的观念错位，现实工作中的矛盾；上级规定中的死角；任务执行中的偏差。第二，社区居民的观念：涉及有利于自身利益的事趋之若鹜，积极参与和维护自己的权利，不惜与邻居、政府撕破脸皮；涉及有损或者预期有损自身利益的，则纷纷隐藏躲避，不参与、不让步，只找社区或街道，甚至向上举报和申诉，同样是不惜与邻居、政府撕破脸皮。

政府为民生做了大量的工作，任务繁重，但是就个体体验来说，并不尽如人意。为何会出现这样的悖论呢？这值得我们思考。

2. 岗位职责及考核与社区实际事务的偏差

基层社会治理主要有哪些小事？基层社会治理的主体和客体是什么？基层社会治理的事项有哪些？要达到什么效果？

岗位职责是指一个岗位所需要去完成的工作内容以及应当承担的责任范围，是组织为完成某项任务而确立的，它由工种、职务、职称和等级内容组成。职责，是职务与责任的统一，由授权范围和相应的责任两部分组成。它有助于任职者清楚自己的主要产出领域及结果，也有助于管理者明确所需人员素质要求。制定岗位职责的第一关键是岗位分析，要对岗位信息进行收集、分析及综合，以便确认岗位整体概况，对其做出正确、详尽的描述。当前许多岗位职责没有明晰。全国各个社区的各个岗位职责都是统一的，描述也是一模一样的，但是，每个社区有不一样的实际状况，需要因地制宜。目前的岗位职责都是简单地对职位任职者现行工作活动的归纳和概括，没有根据各个社区实际情况进行信息收集和分析，这导致职责是明确的法定的，但是与实际操作却是两张皮。做了大量事务却不在岗位职责中，岗位职责中要求的事务在当地社区不存在的状况时有发生，这就造成对基层工作人员的考核脱节、不准确，容易打击积极性。岗位工作的压力不应该是来自他人的压力，而是岗位上的工作人员发自内心自觉自愿的产生，从而转变为主动工作的动力。

因此，岗位的目标设定、准备实施、实施后的评定工作都必须由此岗位员工承担，使得岗位员工认识这个岗位上所发生的任何问题，并由自己着手解决掉，他的上级仅仅只是起辅助作用；岗位工作是为自己做，而不是为上级做；岗位是个人展现能力和人生价值的舞台。在这个岗位上执行各阶段工作，应该由岗位员工主动发挥创造力，靠自己的自我努力和自我协调去完成。员工必须在本职岗位的工作中主动发挥自我解决、自我判断、独立解决问题的能力，以求工作成果的绩效实现最大化。基层工作人员更多的是党员，是志愿服务的，党的整体目标就是为了人民服务，党员干部应该有自觉的服务意识。但是，很多岗位职责是上级规定的或者由不是在本岗位工作的人制订的，实际做事的人没有参与岗位分析，也就不能好好理解岗位职责。

随着社会发展，实际事务的载体、处理的方式方法、主体等在变化，但这些经常没有体现在岗位职责中，与此对应的是，日常工作中，基层社区工作者面临大量这样的小事杂事。他们意识中认为岗位职责中不负责这些事，这些事是由人们自己解决的，当人们到上一级投诉、上级要求下来时，他们会怀着一种"这不该我做"的抱怨心态被动地去处理。同时，在绩效考核中这类事务不在考核之内，这就造成了职务、责任、权力在纸质文件中的规定与实际工作中的分离，这种分离引起的后果当然就是基层工作者的混淆、疲惫和怠慢。

四、当前基层社会出现"新四化"带来的挑战

如今，原子化个体化陌生人为主体形成的社会，人们各自的需求不相同，各自价值观的主见不尽相同，加上信息化网络化社会的发展，人们的表达渠道更快捷方便，就形成了"基层社会主体多元化，基层社会主体多样化，基层社会主见多维化，基层社会主张多端化"的态势。

1. 深刻理解基层社会

到底什么是社会？这本身看起来是个常识的问题，似乎每个人一听到"社会"两个字就会说"噢，懂了"。但是真的要描述出来，可能很少有人能说得清楚。相关定义不论从哪个学科视角来看，都有道理，但共有的界定应该是"在一定时间和空间范围内的人和事，既包括动态的又包括静态的，以及静态动态的相互交叉"。社会有大有小，有静态有动态，有主流有非主流，有物质有精神形态，这也就形成了丰富多彩的不同的领域和研究。

基层，就是设在面层以下的结构层。也是各种组织中最低的一层，它跟群众的联系最直接。国家公务员规定必须要有基层工作经历，就是指基层和生产一线工作经历，是指具有在县级以下党政机关、国有企事业单位、村（社区）组织及其他经济组织、社会组织等工作的经历。由此可见基层主要是一种层级的概念界定，在政治意义上指的是城市里的街乡、农村里的村（社区和农村的小组是委托派出的办公组织）。其主要包含的人和事内容庞杂，其组成的人我们称之为基层社会，在这个界定内的人及其形成的时间空间与相互运动的社会关系中发生的事我们称之为基层社会。基层社会不仅仅指的是底层人群的聚合，同时包含了人群之中发生的各种事件。人与人之间的互动会形成交流和冲突，庞杂的事务当中也会有交叉、重叠和错位。

2. "新四化"下的秩序与活力的处理

"根深则本固，基美则上宁"。国家发展的优越与群众个体日常生活体验良好应该是一致的。因此，对于基层社会治理的认识必须提高到引导民众自治，这就需要正确理解"党委领导、政府扶持、社工主导、党员主动、社区和谐、居民和乐"的基层社会治理格局，需要厘清基层社会治理的主体到底是谁、组织和动员民众参与的方式方法是什么、程序是什么、手段是什么，这是自从有了人类就存在的问题。对于这些社会人和社会事，需要理顺，需要秩序来保障，这就需要规则。规则的产生基于基层社会对人和事的处理，规则也成为基层社会治理的抓手。古代社会，这个规则的产生或来自部落、或来自血缘、或来自地缘、或来自利益的协调。现在主体多元化，每个个体千头万绪，千万个千头万绪的个体聚合在一起形成的基层社会更是千头万绪，这样一来，基层社会治理就有了新的内容、新的挑战。这就需要不断地、持续地、及时地更新观念、更新方式、更新方法，才能把握时空流动中的变化式治理。

用流动的视角来看，社会功能也好，社会互动也好，社会冲突也好，都有自身的解释张力和空间。其实，如果把我们研究的社会理解成"会社"能更容易理解，颠倒过来使得界定实体化了。那么什么是基层社会、基层是什么、基层社会包括哪些，这就需要时空的边界。虽然我们总是一再提"突破边界"，但这必须在有了自身的地盘之后才能谈及，倘若一开始就没有了自身的区域，哪里谈得上有自己的边界，哪里来的突破边界之说？

3. "新四化"下社区治理中的规则与人情的关系

面对"新四化"的态势，基层社会要形成良好的有序运转，就需要规则。规则的产生是基于基层社会的人和事的处理，规则也成为基层社会治理的抓手。如今，原子化个体化陌生人为主体形成的社会，人们各自的需求不相同，各自价值观的主见不相同，加上信息化网络化社会的发展，人们的表达渠道更加快捷方便，就形成了"基层社会主体多元化，基层社会主体多样化，基层社会主见多维化，基层社会主张多端化"的态势。

我们常说的规则与人情是不同的，这过于强调二者之间的敌对性和矛盾性，我们必须了解的是：规则是来源于人情的。什么是人情？这里界定的"人情"不是指"关系"尤其是"熟人关系，潜在的交易关系"，而是指有"人味"，人与人交往的情分。既然是情分，那就是符合人与人自然交往的内心感受和自然法则的道德法则。规则的制定最先就是来自"人情"。人情有公私之分，人情的作用体现在私下，总是让人如沐春风，但若是体现在了公处，反映的则常常是对规则的逾越。所以中国人的俗语一直都是"合情合理合法""是不是这个道理？"等类的说法更多。"合法"还是近几年出来的话语，人们的感受首先就是是否合情合理。有时候合情合理不一定合法，不一定合乎规则，那么如果过于强调法规等，不顾情和理，肯定会让基层群众气儿不顺，气儿不顺了，规则也就难以执行。中国式的家庭特点，温情和相互照顾是不可更变的传统，这与西方的差异不是制度可以改变的。

如社区一位居民根据国家提倡买了新能源汽车，但是车买回来了，没有充电桩，打算自己花钱安装一个，但是小区里没有共用地用来安装，需要向社区和街道办事处申请，而办事处根据公共用地的规定是没有权限也没有法律依据批准居民的申请的。这样迟迟没有安装上充电桩。据居民反映，她隔壁的充电桩就安装上了，那如果根据规章制度都不能占用公用地安装充电桩，为啥隔壁新能源车充电桩安装了而自己跑了一个月还是没有得到批准呢？规则用于谁？人情又用于谁？面对同一件事，采用的两套标准是否可行？

"新四化"下的社会，没有制度的约束则不能运行。我们不必否定人情社会这个事实，也不必对人情社会进行全盘谴责和鄙视。这是中国千百年来形成的文化，让我们中国存在了千百年，并且在历史上作为强国和大国几百年。这本身就充分说明了这种人情社会的强大合理性，发挥得好，就有优越性。为什么到了现在这么短短几十年就变成糟粕了呢？确实，没有制度的约束则不能有效运行。

事实上，制度建立之初，往往就是建立者依据现实的具体的人与人交往的情况（人情）而采取的相应措施，所以才发挥了其优势。但随着社会的不断变化，一成不变的制度终因不适应现实而弊端丛生。按常理言，制度当随社会实际情况而做相应的变动，但制度又不能经常变化，朝令夕改。不变则弊端丛生，常变则难以有权威，这就造成了相对静止的制度规则和不断变动的人情世故之间的矛盾。因此，在处理规则和人情上，要有灵活性，大原则和弹性结合，才能发挥规则的作用，又不失去人性。良好的人情文化发挥好，还可以孕育形成好的规则，起到潜移默化的作用。人情社会本身是个客观存在，社会治理的是否好，在于如何运用人情社会，而不是完全责怪人情社会。因此，当今的基层社会，要面对这个人情社会的中国传统，运用人情社会和发挥其长处，找到适合实际的治理方式。

第二节　社会组织主导型社区治理模式

社区社会组织是由社区居民发起成立，在城乡社区开展为民服务、公益慈善、邻里互助、文体娱乐和农村生产技术服务等活动的社会组织。培育发展社区社会组织，对加强社区治理体系建设、推动社会治理重心向基层下移、打造共建共治共享的社会治理格局，具有重要作用。这里我们以非常典型的广州的社区治理作为调研对象进行分析。广州主要采取政府购买服务的家庭综合服务中心提供服务，这在 2008 年开始已经有计划地铺开，到 2016 年已经形成全市的大规模，并已经进入购买服务项目的第二阶段了。相比较起来，社区治理的北京做法和广州做法确实截然不同。2017年 10 月至 11 月，课题目带领博士生团队蹲点调研，走访了多个近年来评估在 4A~5A 级别的社会组织，了解了广州的社区治理情况。

一、家庭综合服务中心社会组织主导社区治理现状

2008 年，广州提出把社区服务管理创新作为加强和创新社会管理的突破口，大胆先行先试，开始政府购买服务方式，借助毗邻香港的地缘优

势，将家庭综合服务模式引入广州，开始了该模式的行程。2011年，广州全市全面开展社区改革，全市推广街道家庭综合服务中心建设。

1. 家庭综合服务中心基本情况

家庭综合服务中心是指在街道设置的一个服务平台，它接受区（县级市）民政部门的业务指导。截至2016年9月，广州全市有民办社会工作服务机构417家，数量全国第一，90%以上的是2011年下半年成立的。通过政府购买服务，广州市的155个街道基本配备了"家综中心"，实现了"小事不出社区、大事不出街道"。也正因为如此，诸多大大小小的以"家庭综合服务"为主要业务的社会组织纷纷成立、登记注册，希望在大政策下能够发挥主体作用。

这些社工机构主要构成为：

（1）具有高校背景的占22%。一些高校社会学及其相关专业为主的老师作为发起人成立的社工机构大约20多家，基本是在2008年前后成立的，以其教育理论为专业背景进行工作，同政府具有良好的关系，经常成为政府的智囊或者智库。一般来自华南××大学、广东××大学等设有社会工作专业的高校。

（2）企业背景的占58%。主要由企业赞助发起。部分具有公益经历或者想做慈善公益的企业人士创办社工机构，接受社工理念的价值基础，参与社会工作等公益领域，一来是借助企业运营的专业化和资金来实现社会理想和承担社会责任；二来是借助社工机构的公益性实现不同于企业生产产品的社会价值，从而获得声誉，获取政府的财务支持和声誉支持，同时为自己企业的长盈利打下基础。

（3）政府背景（志愿者组织）的占7%。志愿者组织或者是半政府背景的组织者创立的社工机构的优势在于，他们一直以来就是政府的合作者，又或者其本身就是原来的政府人士。他们在领悟政府意图上有着先天的优势，懂得如何和政府打交道。如广州F社工中心就是由原来在政府机关民政部门主管宣传工作的人士成立。

（4）其他背景的占13%。如"草根阶层"和其他背景自发成立的社会组织。他们的优势在于对社会环境与服务需求有敏锐观察能力和服务运营管理能力，创新能力最具有优势。

2. 家庭综合服务中心具体服务内容

家庭综合服务中心（以下简称家综中心）通过政府购买社会服务的方式，由民办社会工作服务机构承接运营，根据区域服务需求实际情况，以家庭、青少年、长者等重点群体的服务为核心，科学设置服务项目，面向全体社区居民提供专业、综合、优质的社会服务。

家综中心一般通过政府购买三大块服务，一是家庭综合服务项目，二是专业服务项目，三是其他服务项目。操作流程是：政府购买服务—招标—具有资质的社会组织投标—评议—购买—家综中心进驻社区—服务社区。

其中，家庭综合服务最为主要，一般是3+2或者3+X模式。3是指必需的服务即家庭服务、青少年服务和长者服务。其他则根据社区的具体实际情况开出服务清单，如社区矫正、禁毒服务、医务社会工作服务、残障康复、移居人士服务、农村社工服务、异地务工人员服务、企业社工服务，一般在7项左右。另外还有专项服务，如禁毒矫正、党建服务等，根据不同的街道特点进行申请。

3. 家庭综合服务中心人员队伍与资金来源

每家社工机构有一定的规定，承接政府购买服务的家综中心一般配备20名专职人员，其中要有具备社工资质即持证人员14名，其他人员必须是相关专业工作人员。由于社工提供了对社会工作专业专科、本科、研究生毕业生有一定吸引力的薪酬待遇，专职从业人员的素质相对来说比较高。但如此，人员流动也比较快，一般1年合同结束的时候流失较多，流失到其他行业的各行各业都有，这也说明社工人员欠缺专业性，适合进入各种行业。一般社工在 2~3 年流动最多，除了一部分在社工行业晋升之外，大部分流失。每个居委会有一名社工对接，进驻小区。

对家庭综合服务，政府支持力度很大，每年要拿出 3.3 亿的预算来购买社会组织的服务。2017 年，广州一共 155 家街道，也就有 155 个中标的家综中心。招投标一般每家中标中心获得每年 200 万政府资金，提供对居民的服务。除此之外，他们在政府的支持下进入社区开展活动，获得街道免费或低租金的场地支持及其硬件装修基础设施。街道根据自身规模和中心的大小会向家综中心提供 600~2000 平方米的办公场所，免收租金。200万资金主要用于中心的人员工资支出和平时提供服务所需要的各类支出。因此，资金相对稳定充裕。一个社会组织可以有多家中心分布在几个街道。家综中心在街道辖区内的每个社区设置"驿站"，即固定的办公地点，便于社区内居民寻求服务。从 2011 年以来，比较有实力的社会组织民政部开始第二轮的项目，也就是第一个 3 年已经完成，现在处于第二个中标合同期内。

社工机构经费来源单一，基本依赖政府购买服务，但是 200 万的服务是否做了价值 200 万的事情？20 名专职社工真的为社区和居民解决了问题吗？由于评估和考核需要各类材料文书，工作人员很多时间花在制作各类文书和表格上，从事一线服务的时间和精力受到挤压，影响服务成效。另外，这样也不利于社工机构发挥出社会组织应有的自主性、创新性等优势。

二、家庭综合服务中心主导社区治理的具体做法

1. 广州 B 集团 BY 街家庭综合服务

广州 B 集团，2008 年成立，是广州市开办最早的几家专业社会工作服务机构之一，依靠高校背景，社会工作培养人才和理念走在前沿。截至2015 年年底，B 集团先后已中标家综类项目 18 个，养老、"美沙酮"、司法矫正、社区营造等专项项目14个，公益、督导培训、评估等项目72个，累计签订合同项目148个（部分项目每2~3年重新招标、重签合同）。机构已初步形成以社区及家庭综合类服务为基础，专项服务共同发展的格局。机构重点服务对象为家庭、青少年、老年人、妇女、残障人士、失业人群、流动人口、戒毒人群、社区服刑人员等社会弱势群体、边缘群体。

B集团下的BY街家庭综合服务是其中之一。BY街位于东山区，属老城区，平房为主，老年人多，国企退休工人多，近年来商住楼混合，新旧城区居民混合住在一起。社区共有居民5万多人，户籍人口4万多人，流动人口1万多，街道办事处下辖9个社区。提供7大类服务，主要有家庭综合服务、青少年服务、长者服务、残康服务、社区重构等。目前有社工20多名，处于第二个项目周期，一期600万已经完成。办公地点为三层的小楼，紧挨着街道和居委会，中心有2个分站，每个社区还设置有驿站。

社区特点为人车争道，老龄人口多，平房为主，国企退休工人多，旧城改造城市化，新旧居民由于生活方式不同交叉在一起而产生矛盾。根据这一特点，他们提供的服务为"3+X"。主要服务如下：①主要突出的是老年人服务，即长者服务，分得更为细化和详细，如分为有能长者、弱能长者，类喘息服务，家庭也分为核心家庭、困难家庭、主干家庭和单亲家庭等。②亲子联盟，开发和整合服务区内的居住外籍人士和政府高官为主的高档住宅区社会资源等。③整合区域内的某集团资源，协助促成了帮助贫困学生的资助，开办了助学超市，每年贫困生可以获得200元文具书籍兑换券，在助学超市兑换文具。青少年服务有组织社区内居民亲子旅游、亲子活动、课后义工辅导课程等。④连同街道政府部门制作、开发和维护某铁路纪念公园，还原和保持铁路文化。设置在小区内的有"筑君安好"项目以及在佛山的培育社区组织，提升社区能力项目。⑤通过这些服务也让社区居民由陌生变为熟悉，动员了更多的居民由"参加—参与—主持策划"社区活动中来。如圆梦计划和珠江夜游、自发作为义工探视长者等服务。总体来说,居民个案的解决上并不理想。

2. A集团LH家庭综合服务中心

A集团LH社会工作服务中心于2011年成立,是广东省首家由几所高校和多家企业共同支持成立的服务中心。目前有9家服务中心。A集团LH家庭综合服务中心由天河区民政局购买,2013年开始承接社会工作服务项目,共24名社工。

该家综中心提出"同城一家人"的理念,为13个社区、7万人,提供长者、青少年、家庭、新广州人、义工、劳动就业、临终关怀7项服务。在街道政府支持提供600多平方米的中心位置办公,设有案室、小组室、多功能室、亲子区、健康小屋、义工之家、应用与实践课室等。由于白领多,城中村多,流动人口和外来工子女多,该家综中心开出的服务清单除了必需的3个项目之外,还增加了"残康"服务、义工就医服务、就业服务和白领服务。专项服务有禁毒、司法、反邪教、廉政、日托服务等。实行"社工+义工模式",义工主要来源于高校、企业、社区。另外社区学院服务和公益创投支持资金用于自身发展。

3. FX社会工作服务中心Y村家庭综合服务中心

FX社会工作服务中心成立于2011年,主要依托广州市民政工作,有较强的政府工作经验,对街道办事处对社区治理的各项要求和规定更为了解。所提供服务内容也为3+X,一共6项,分别为家庭、为老、残康、医疗、社区矫正和党建服务。与前两家大同小异。由于是政府背景,有政府资源,因此他们有一个特色服务就是"党建服务"。党支部、工会、共青团及妇联建设相对完善,发展党建工会工作,党建带动工建,融党建于服务,创建服务型党组织。2012年成立党支部,开展的党建活动有天河区智慧党建。培养骨干时注重党员身份,保持支部"三会一课",并组建足球队凝聚力量,开展党史知识竞赛和"七一空间"。同时,也承接部分政府组织部门的党建服务。FX服务中心Y村街道家庭综合服务中心位于天河区街道，大致情况与其他家庭综合中心组织类似。

4. 广东 Q 商会（社会组织）

广州 Q 商会成立于 1985 年，有几大机构，主要是民营企业的联合，2002 年挂靠工商联，2014 年挂靠民政局，之后又转到社会组织管理局名下。以商养会，开展内部企业资源整合。通过招募会员，缴纳会员费维持运营和开展各类巡防活动。有诸多明星会员、民营企业参与。广东 Q 商会在非公企业党建工作方面成绩较为突出。

该商会的党建比较有特点：党员在重大事件上起带头作用，2008 年民营企业党员企业家带队自驾去汶川赈灾。每月一次的主题午茶会，平均 30~40 人，目前固定在某酒店。二是走访会员企业，听取企业诉求。去年较少。三是举办公益慈善活动，如改造农村自来水厂回报社会。四是开办心灵茶座这一援助精神残障人士的平台。五是设置党代表工作室。2015 年举办抗日战争胜利 70 周年纪念活动，邀请 6 位老兵，该活动影响较大。一般会长缴纳会费 10 万/届（4 年），理事 1 万，会员 2000 元/年。由于 2013 年以来经济不景气，换届时期会员流失较多，目前会员维持在 250 多人。

5. 广州 H 学院

该学院于 2016 年 11 月 9 日成立，是民政部认证的第一家社会组织学院，目标定位为民办高校。由广州某社会组织研究院发展而来，计划未来办成民办学校，2019 年招生。作为民办高校，学院由政府指导，社会力量举办，面向社会组织领域开展科学研究、人才培养和社会服务，旨在办成国内社会组织领域第一所普通全日制高校，努力成为社会组织学术研究的高地和人才培育高地。当前办公大楼已经落成，还处在向政府申请审批 300 亩办学用地阶段。专职工作人员不超过 20 名。主要业务为三大块：教育培训、社会服务和理论研究。由企业、高校、广州市民政局支持，设置了党委会，但由于刚成立，目前并没有太多党的活动。

三、家庭综合服务中心主导社区治理的问题及思考

1. 市场推动还是政策使然

广州市目前已形成以家庭综合服务为基础、其他专项服务齐头并进的社会工作服务格局。广州之所以形成这样的家庭综合服务中心模式和规模，有服务居民的市场需要，但更多的是广东省以及广州的政策大大地推动和支持而致，并非该类社会组织由于自发在市场的发展而获得的这个市场份额。

政策推进阶段为：2008—2009 年的小范围、小项目试点阶段；2009—2010 年，每年 200 万元政府购买服务资金投入家庭综合服务中心（以下简称家综中心）项目试点阶段；2010—2012 年，每年 200 万元政府购买服务资金投入家综项目全面铺开阶段，项目一年一签；2012—2015 年，家综项目稳定发展阶段，项目三年一签。通过查阅相关材料，我们可以看到大多数社工类社会组织成立于 2008 年以后，暴风式的形成主要集中于 2011 年。这与广东省和广州市政府在政府购买服务以及社会组织创新参与社会治理的政策推进的程度紧密相关。2008 年，广州实施政府购买社会工作服务之初，全市持证社会工作者有 1070 人。截至 2015 年年底，广州市共有持证社会工作者 10248 人，数量居全省各市首位；累计培养社会工作员 3800 名、本土社会工作督导人才 250 名、管理人才 200 名。

广州家综服务社会组织源于香港，但却是在香港已经被淘汰的做法。香港在 19 世纪 80 年代采用的是这种家综社会组织做法，但是目前已经回归家庭、回归社区。强调现代社会中工作社区与居住社区相分离特点下，家庭的生活功能回归，家庭随社区而变化，因此，社区就必然回归到发挥公共性、社会性和公益性，保证对社区以及社区家庭的公共服务。因此，由于政策导向而非市场需求推动而大规模兴起的广州家综服务中心未来发展如何，是否式微以及是否有新的模式以代替这种做法，未来还需要进一

步探索。

2. 公益还是功利

社会组织具有非营利性、非政府性、独立性、志愿性、公益性等基本特征。非营利组织是 nonprofit organization，是指这类组织的运营目标不以获取利润为目的，提供的服务具有福利性，一般是无偿的。当然，非营利性组织并不等于没有盈利，而是收入不为任何个人牟取私利，而是用于组织自身维持和发展，是为了执行公共事务。现实是，社会组织接手项目会得到一笔经费，但经费不算多，因此很难保证社会组织不会为自身的利益缩减服务成本、降低服务质量，或者直接拒绝利润低的项目，以此获得自身收益的最大化，尤其是组织本身已经享有了合法的免税资格。

社会组织被引入社区治理，初衷是通过政府购买服务方式，让社会组织更好地服务社区，协助居民做好各类"小事"。但当前，政府每年花 3.3 个亿，每家中心给 200 万，那么中心是否做到了该提供的服务呢？根据家综中心自己提供的各类文件和报告可以看到，服务项目虽然大同小异，但是项目诸多。虽然有些家综中心里，也时有居民来开展或参加活动，但一般都是年纪大的居民，由于课题组在粤时间短，不懂粤语，没有对更多社区居民进行调研。但是根据与调研途中的多辆出租车师傅攀谈得知，他们并不知道有这样的家庭综合服务中心，在自己所居住的社区内多年并没有享受到类似的服务项目。这与实际的社区服务工作有所出入，也是目前存在的问题所在。

评估指标背后的服务对象需求和满意度并没有足够体现。当前的社会组织评估虽然严格，也在做品牌建设，但评估内容仍然是以人才、行业和机构的发展为中心，对于服务对象的需求和声音的重视不足。评估指标及反映指标完成情况的文书工作被过度重视，个案、小组、社区活动的指标成为社工专业性的代码而被强调，指标达成背后的服务成效反而难以真正受到重视。

广州各个家综中心的社会组织主要业务、办公地点、人员和业务资金都来源于政府，离开了政府甚至无法获得自己稳定的发展，也难有可持续性发展。正因为有了政府的资助，社工组织纷纷注册，主动参与政府每年的 200 万招投标项目，如果投标失败，则很难生存。另外，很多社工组织在每年中标签订合同后，认为自己是独立法人机构，不愿意承担街道在新一年中提出的对于社区服务的更新要求，如社区创建、社区环境卫生更新等，对于政府提出的各项规范性要求不愿意实在地落实。

广州的这一购买社会组织服务的模式实际上发挥的功能还有所欠缺，中标机构所持有的业务和资金满足了社会组织的人员工资要求，满足了社会组织自我孵化发展的期盼，同时也极大地解决了社会组织自己的生存问题，也间接一定程度上为大学生就业提供了空间和缓冲器，但存在的问题比较多。广州的政策促进了这么多定性为"非营利组织"的社会组织的兴起。政策的初衷是为了公共的社会利益，是为了公益。但是从上述分析可见，社会组织提供的服务有限，诸多组织的成立成了个人或者董事用来获取自身声誉、扩大个体影响、争取更大市场份额，从而获取更多政府项目的载体。那么，这样的社会组织到底能存在多少、是公益还是功利？出现了政策结果偏离了初衷的"不虞效应"。①

3. 基层党建工作外包给社会组织带来的担忧

北京广州两地都注重社区党建工作，体现党在社区治理中的引领和组织作用，都强调要加强党建水平、党建能力，发挥党员的模范带头作用。

北京"两委一站"本身就存在党委，社区还成立"党社服务站"。每个社区都有社区党委会，包括一名书记、两名副书记，组织委员、宣传委员各 2 名，纪委书记 1 名。广州社区有党支部，并且在条件成熟的试点社区把社区党支部升格为社区党委，进一步强化社区党组织的领导核心地

---

① 不虞效应是表示意外发现的原来是根本没有去追求的结果，所做的事情是事与愿违的，其本质为：凡有作为，如果控制不当，必然适得其反。

位。以社区党委为平台，开展以领导干部进社区、"两代表一委员"进社区、在职党员进社区为主要内容的"三进社区"活动。对于社会组织，广州在 2015 年通过了《2015 年广州市社会组织管理工作要点》，制订社会组织"党建创新年"工作方案。要求社会组织实现党组织应建尽建，党工作覆盖100%；建设 1 个社会组织党建数据库，并在评估当中加入了党的建设工作比例（占比 35%）和工青妇工作比例（占比 15%）。

党支部建在社区，党社联建，其目的有三个：一是对社区的作用，促进党对社会治理的引领，对社区治理和社会组织的管理，引导和要求居住社区和社会组织中的普通党员发挥积极性，在组织和动员居民自治方面起到模范带头作用。二是对党建的作用，党社服务站和社会组织党建创新年等活动是党建的载体和方法，让党的建设有了组织和载体，提升党建水平。三是连接党群关系，也就是发挥群众路线和党组织在基层治理中的作用。

我们也要看到，在北京和广州两地的社区治理上，在街道和社区，党建工作都按部就班地按照以前的行政化体系进行。但随着社会的发展、社区人群的变化、社区治理方式的变化，党建工作需要进一步深入实际，放下身段，真正深入到民众中去。同时，对于广州来说，社会组织嵌入到社区治理中，党建并没有起到作用。绝大多数家综服务中心和其他社会组织，虽然根据政府要求设置了党支部或党委会，但只是在文件和墙壁上看得见，实际中并没有，因此，正如他们俗语说："只有'党见'没有'党建'"（注："党见"意思是只是名义上话语上的文字）。然而，没有党的建设和领导，社区居民的自治就成了问题，也很难组织起来。

另外，调查组在广州 FX 社工服务中心了解到，因为该组织有政府资源和政府背景，具备了较好的党建服务能力，因此有时会承接政府组织内和企业的党组织建设工作，这项工作被称为"项目式党建"。党的建设本身是为了凝聚基层党员和人员的，如果党的建设不由本组织进行，却作为专项的服务向社会组织购买，让社会组织提供党建服务，如学习与培训等，是否背离初衷呢？

　　诸如此种，社会组织主导社区治理，经费仍然来自政府，是政府将社区事务外包给社会组织，但如何评估、如何监督，社会组织本身的营利性与社区服务本身的公共性产生矛盾，社会组织本身服务能力不强，都是目前存在的问题。

第三节　复合共治型社区治理的分析及思考

　　习近平总书记在党的十九大报告中明确要求："打造共建共治共享的社会治理格局。"这为新时代社会治理机制创新和体系完善指明了方向。当前我国社会结构正在发生深刻变化，社会矛盾多元多样多发，加强和创新社会治理，打造全民共建共治共享的社会治理格局，是构建和谐社会、实现社会治理现代化的必然要求。复合共治型社区治理来自"共建共治共享"的发展理念，主要是使政府组织、社会组织和居民个人在社区合理承担相应的公共责任，通过多元参与、多维互补的合作，及时解决问题，推进社区治理和建设。这一重要思想理念已成为社会大众高度关注和学术界正在深入研究的热门话题。

　　社会复合主体，是以推进社会性项目建设、知识创业、事业发展为目的，由党政界、知识界、行业界、媒体界等不同身份的人员共同参与、主动关联而形成的多层架构、网状结构、功能融合、优势互补的新型组织体系。杭州市的社会复合主体治理创新在吸纳多元主体联合治理、推动社会管理创新、维护社会稳定和激发政府治理变革等方面发挥的突出作用，受到学术界的广泛关注。

一、复合共治型社区治理基本情况

　　杭州市总面积 16596 平方千米，其中市辖区 4876 平方千米。辖 9 个市辖区、2个县，代管2个县级市，共84个街道、86个镇、23个乡，946个社区、2069个行政村。其中，市辖区共有73个街道、42个镇，882个社区、942个行政村。杭州在1996年设置滨江区以前一直是5个主城区，也以这5个区为主，分别是拱墅区（10个街道）、上城区（6个街道）、下城区（8个街道）、江干区（10个街道）和西湖区（12个街道）。这5个主城区在撤村建居民社区有167个，原村民、新移民和流动人口混合的社区较多，有106个，占63.5%；流动人口超过本地人口的社区有98个，占58.68%。由于从事个体经济、私营经济的人群多，许多党员尤其是青年党员分散在各个新兴小经济组织，流动党员数量大，不易组织。

杭州早在2002年出台的《杭州市社区共建、资源共享实施意见》中强调共享社区，明确"社区辖区单位和居民的参与"是社区建设的核心，是社区建设、管理、服务的前提。要把社区辖区单位和居民的主动参与作为第一动力，促进社区建设健康地发展。

对社区的治理其实就是对于社区内"公共"的治理，它包含群众的公共需求、社区公共空间、社区公共事务、社区公共服务的组织和安排。因此，要针对社区辖区单位和居民的公共需求，提供优质的公共服务。公共服务不适合采用逐项收费的商业化方式运作，而应通过公共资源和公共行动的方式予以支持和实施。在提供公共服务的过程中，要确定社区的"公共需求"，安排好服务项目的轻重缓急，投入社区自身资源，并争取外部人力、财力等公共资源参与。

杭州的社区治理与社会治理紧密相连，即"分"与"共"相互嵌入。

（1）"分"：区分开社区公共事务类型。根据社区公共事务的属性以及责任主体的双重标准，将社区公共事务分为三大类：社区行政事务、社区公共服务和社区自治事务。

（2）"共"：确定社区复合主体。"三位一体"社区治理复合模式，形成交叉任职、分工负责，条块结合、合署办公的复合模式。所谓交叉任职就是社区党组织、社区居委会、社区公共服务工作站三套机构成员之间实行交叉任职。

（3）"分"：采用四种机制分别治理。社区公共事务治理机制：（社区行政事务）行政机制、（社区便民事务）准市场机制、（社区公益事务）志愿机制和（社区自治事务）自治机制四种。准市场机制就是购买社会组织服务（每年额度 30 万）。

（4）"共"：民情沟通参与平台。在街道、社区层面搭建社区"四会"（民情恳谈会、事务协调会、工作听证会、成效评议会）工作制度、"片组户民情"联系制度，建立邻里值班室、"湖滨晴雨"工作室，开通"党建好声音"案例展播电视平台。2016 年，杭州在社会治理上强调和主推"共享"。反映在社区治理上，不断用信息技术、"互联网+"等方式为主导，提倡智慧社区、共享社区。

另外，党组织发挥了重要组织和动员作用。杭州社区加强党员在社区的活动和行动身影，推进在职党员服务社区常态化，全市 9.6 万余名机关在职党员需要在社区认领各类服务项目，开展志愿服务（2015 年统计为认领 23 万多件，开展志愿服务 20 万余人次）。连续十年举办"邻居节"，设计推出一系列"敲门日""百家饭""老年食堂"服务，面向社区青少年群体开展"四点半课堂"服务等邻里活动，并首创"社区工作者节"。

二、党组织的主体力量

1. 传统社区——X 社区的社会治理特点

X 社区位于浙江省杭州市某街道，东临贴沙河，南到望江路，西沿中河，北达庆春路，辖区面积约 2.7 平方千米。现有居民 34000 户，人口 97100 人。居委会驻建国南路 98 号，下辖 12 个社区。以群众性的爱国卫生运动而著称，是毛主席亲临视察（1958 年）过的全国唯一的一个街道。而今，该街道最具有特色的是公共卫生"八日行"活动，街道与 12 个社区将集中八天时间，分别实施"为民日""卫生日""劝导日""互助日""科普日""节俭日""诚信日""爱国日"八项活动。街道采用的是党委、居委、公共服务站"三位一体"的社会工作模式。

一共28个岗位，但工作人员14人，其中有6名党员。虽然岗位多，但是一人身兼数岗，统筹分布。一共分为：统筹协调组（5人，包括党委书记、居委会主任、公共服务站站长，党委副书记、居委会副主任）；安全服务岗（4人，包括治保调节委员、综治维稳管理员、警务室民警、外来人口管理员）；劳动保障岗（5人，包括保教服务委员、劳动保障员3个，失管1个，退管2个）；帮扶救助岗（3人，包括保障服务委员、社会救助员、残协专职委员）；健康服务岗（1人，社区卫生院医生）；文教服务岗：（1人，文教委员）；计生服务岗（1人，计生协管员）；环境卫生岗（4人，环保卫生委员、城管专管员、垃圾分类指导员、房管专管员）；社会工作专业岗（4人，社会工作师1人、助理社会工作师3人）。

作为诸多知名人物纪念馆和故居的所在地，X社区是极具红色基因的传统社区。社区面积0.3平方千米，现有居民3661户，人口10750人，流动人口2000余人。小营巷社区居委会现有工作人员14人，采用"三位一体"模式。居民都是本地人，"老龄化"现象较为严重。流动人口主要是外来务工人员，租住在社区，多为自主创业、开街边小店。流动人口的待遇与本地人一样，可以参与社区各项活动等。为了做好公共卫生工作，党建工作一直以此作为重点，党建工作做得好，成为红色党建示范小区。2011年，习近平因此来参观并指出要坚持社区党建工作。社区内的居民也达成了共识：不管到什么时候，讲卫生的传统不能丢。对小营巷居民来说，讲卫生已不仅仅是一种生活习惯，更是一种道德标准。

2. 大量党员和志愿者积极参与

当前，街道辖区内共有在职党员5880名，街道直属党员5260名，共59家直属党支部；直属团组织45家，在册团员共7500名。另外，志愿者组成的社区"萤火虫小分队"共 12 支，志愿者 3800 人，成立青年力量组和老龄力量组（包括红巷老舅妈、夕阳红服务队、退休红袖章）。辖区内参与社区共建的优质企业的党团组织包括了石油化工、电力医院、银行高校等单位。这些单位的志愿者和大量党员也会定期参加街道和社区开展的公益活动，定期参加党日活动。党日活动每个月 4 期，组织辖区里的党员参加公益活动、义卖等。

X 社区有 20 个党支部，共 400 多名党员。在他们的牵头下，社区成立了 26 支志愿服务队伍，包括雨露家政服务队、白衣天使诊疗队、阳光教育辅导队等。由第九党支部书记牵头组建的"HX 老舅妈"志愿服务队，是社区里调解邻里纠纷的行家。借助"HX 生活广场"作为服务阵地，成员都是来自社区、"两新"组织和辖区机关事业单位的代表。家门口有问题，大家就聚在一起商量解决。由社区党委牵头，党员和居民代表在议事厅商议之后执行。融洽了社区党委与辖区单位党组织、党组织与党员、党员与群众间的关系，推进了基层民生问题的解决。工作经费由街道办事处下拨，每年 15 万元。另外，区里、市里可供申请的各类公益创投项目、公益基金等，近几年来大约在 30~40 个。目前该社区共分为 16 个党支部，退休挂靠、两新组织挂靠、企业党支部和失业人员党员挂靠社区等，80%以上为退休老党员，多数为社区志愿者。

3. 社会组织嵌入式复合共治体系

该社区治理的模式不同于广州市比较彻底的购买家庭综合社会组织服务，也不完全同于北京市主要由街道指导和社区工作主导的做法，应该来说，是二者的结合。即以街道和社区为主，一部分专业的社会工作向资质较好的社会组织购买，主要是平台运营这一项目。以街道为购买方，在每个街道建立一个 5000 平方米生活广场，包含各类生活设施，向本街道 12 个社区的居民开放。每年向社会组织支付 30 万（街道出 20 万、区里出 10 万），签名委托管理服务购买合同，1 年 1 签，定期考核。5000 平方米的活动广场，由街道提出目标和想法，社会组织提供设计方案和各类项目，派驻 3 名专业社工人员长期入驻该广场，协助和指导社区的工作，实现社区、社工、社会组织"三社联动"（如果需派驻 4 名，则街道和区里需要支付 40 万）。

X 社区的生活广场，位于繁华地带，一共 3 栋楼，主要做精细化服务居民，满足需求。提供的项目有：

（1）梦工场。主要是区域大党建的实体平台。党建促民生，党员会议，党员活动，党员为居民的需求和想法及企业的要求共同出点子。结合互联网，以非公企业党建尤其是社会组织党建为重点，开展基层党建工作。

（2）梦剧场：居民参与唱歌跳舞的舞台。居民自导自演，平日排练，节日表演。社区也定期请专业剧团或舞蹈团来给居民表演节目。

（3）社区养老：居家养老。为居家养老的老人提供信息收集、上门慰问和必需服务，跟踪居家养老效果。

（4）钱学森航天科普图书馆：依托名人故居，设置小型航天展览馆和图书馆，供社区里老人和小孩来阅读、借阅。通常由志愿者（社区退休党员和普通群众志愿者）来志愿管理。

（5）市民讲堂：举办公益类讲座和培训，以及适龄儿童的暑期班、课业后的四点半课堂，兼具社区影院功能。

（6）健身馆、棋奕馆和书画社。举行健身活动、棋牌书画类活动，实现教学、参与和体验。

（7）亲子会馆：解决老人带未入学孩子（0~6 岁）的需求问题。有安全的场所，小孩、老人都有玩伴儿，开展亲子游戏和亲子课程，有日托服务。

（8）姐妹沙龙：针对老龄女性较多的实际情况而开展。沙龙活动可聊天、看电视，分享做菜，制作盆景、艺术品，节目排练等。

（9）医疗服务：提供常规体检、量血压、B 超检查等医疗咨询和服务。

（10）社工实验室：培养专业的社会工作方法。一老一小的个案和小组。

（11）工疗站：主要为辖区内经过治疗后，稳定的精神残疾人提供日间照料、心理疏导、娱乐康复、简单能力的训练。目前有该类人士40多名，每天朝九晚五来"上班"，学习画画、插画，大家一起交流，非常平等、轻松融洽。有一位1982年出生的精神分裂女孩，在水彩画和水墨画上非常有天赋，在这里学习和治疗后变得开朗，她的作品吸引了很多人的注意，获过多次奖项。

（12）居家养老中心和颐养园：为辖区内老人提供日间照料、文化娱乐、心理咨询、紧急救援等。中午有食堂提供午饭。护理照料老人的也是社区里的低龄、身体健康的退休老人志愿者。颐养园主要是社区养老所在地。

（13）老年食堂：为老年人提供用餐及送餐服务。

通过各个主体的嵌入和多元服务，共同打造复合共治型社区。由于X社区为传统社区，主要以本地人为主，而且主人翁精神充分，这就为流动人员更好地融入提供了良好的氛围。

三、"村改社区"的居民自治主体

复合共治的另一个典型社区治理就是"村改社区"。伴随我国城镇化进程孕育而生的社会变革，城市化进程中基层社会的变化引发了对"村改社区"如何完成集体经济向社区经济的转变，如何完成农村组织向社区组织的转变，如何完成农村公共服务供给向城市公共服务供给的转变等问题的思考。

杭州市Y社区就是这样一家"村改社区"。Y社区成立于2004年11月，坐落在具有浓郁乡情风味的千年古镇留下的街道。东至杨家牌楼，南至和家园，西至西湖高级中学，北至西溪路。现有原村居民 125 户，共 502 人。该社区是杭州第一个彻底重建的城中村。2011 年 6 月，当地启动城中村改造，下了彻底的决心——全部拆掉重建，不留一点"老尾巴"。在城中村改造中，建起了农村文化礼堂，有文化长廊、道德讲堂、文化展厅、露天戏台、土祠等，村民的文化生活水平大大提高了。

　　之前，整个村子空中线缆杂乱无章、地下排水四处乱溢、垃圾成堆、违法违章建筑严重、房屋密度高、街巷狭窄拥挤，但凡能想得到的城中村通病，Y 社区统统都有。由村社区变成城市社区，Y 社区如何成功转变——从就业与生活方式上进行的变迁呢？

　　由村委会牵头，组织群众协商，Y 社区土地用途分为三大块，一是用于拆迁建筑；二是用于集体厂房；三是原有的茶山保留，收归集体经营。其特点如下：第一，土地一部分用于居民拆迁安置房，每户可以分到 2~3 套不同类型的房子，除了安置房以外，还用于学校、医院等公共设施建筑。第二，10% 自留地作为集体厂房用于出租，收取的租金年底分红。目前作为集体用地盖起来的商业大楼，每年有 100 万出租收入，按照村股份分红章程年底分红。第三，Y 村集体茶山有 100 多亩，种植龙井茶，以前是分到户，现在收回集体，由集体也就是转为现在的社区进行统一经营和管理。这就解决了村民变成市民后无法在城市就业带来的收入生存问题。土地还是在集体手中。

　　社区组织党员发挥力量。现在的社区居委会及其管理人员主要是以前的村民委员会管理人员，此外还请了物业公司，进行了集中管理和专业管理。外来人口占少数，由于出租房减少、环境质量提高了，因此房租价格提高了，前来租房的外来人口的职业与素养也变为以小白领为主了。一开始，村民并未习惯城市生活，最大的问题是随地扔垃圾。社区聘请了专业的物业公司进行专业管理，同时，运用党支部的力量，全村 44 个党员挨家挨户进行宣传，并成立小组对大家进行教育和培训。党员从自我做起，从自己家里做起，逐渐使大家慢慢改变了以前的农村生活方式。在社区的组织、基层党小组中，党员的作用极其重要。

集体解决社区居民子女教育等问题。一部分土地用于幼儿园、小学、初中、高中的配套建筑，居民子女教育就近解决。街道办事处积极提供支持，组织配备了良好的师资、确定了学校的级别，在当地居住就业的本地人和外地人子女都可以就近上学。

关于养老问题。养老保险分两部分组成，原有的新农合，再加上商业保险。村里成立了经济合作社，由经济合作社集体购买商业保险，按照城市保险的系统来操作。经济合作社提供每个人 3.7 万，区里每人下拨补贴 1.4 万，每个人一共 5.1 万的商业保险可以保 15 年，由经济合作社收集后统一一次性缴纳。根据目前社区 500 多户人的不同额度，合作社一共支出了 2500 多万，解决了居民的养老后顾之忧。

关于转为市民之后的收入问题。除了村里集体厂房出租的分红、集体茶山的经营分红，还有 300 亩为集体所有的农用地，用来种植农作物。每个人按照 1.5∶1.2∶0.5 的单位股份计算持股总数，自社区 2004 年成立以来每年发送红利，目前每户每年可以发到 8000 多元，这就解决了农民进城后的生存问题。有了基本生活保障以后，加上都是之前的村民，比较熟悉，居民之间的关系和谐有序，都很珍惜生活。也影响熏陶外来人口，逐渐融入。Y 社区由此成为最好的"城中村"改造项目。但是，这是因为城市化改造的政策，以及 Y 社区在杭州城市开发和发展中的好地理位置决定的。

四、"四治一体"

位于杭州市的 Z 文化村社区则是另外一种情况。Z 文化村社区的特点是：先有地块，后有社区。在政府规划和决策下，由 W 开发公司买下地块，依托该地的历史文化，开发一个高水平的人文环境和谐的社区。W 公司用了 5 年时间开发，提供社区各类配套设施，尤其是重点引导与营造软环境。该文化村社区一共由 14 个小区组成，共 6520 余户，约 12000 人，户籍人口 2400 余人。社区居民以做文化产业的居多，对于精神融洽的需求更高，自觉地管理与维护社区环境。形成了"四治一体"（法治、德治、自治、共治，也是指政府、企业、居民、社会组织的多主体）的社区治理格局。

1. 社区、开发公司、村民的"三主体"联动

党、街道、社区居委会为一个主体；W 开发公司作为企业积极打造和提供设施，为一个主体；村民积极自愿参与，以及村民自发形成的各类社区社会组织，为第三个主要主体。多主体成为文化村社区的立村之本。对社区居委会来说，社区现任班子依照自荐直选选举产生，除了一般的居委会机构设置以外，还建立了以党组织书记为组长的协商议事小组，由乡贤、文人、社团骨干、万科企业、物业公司、党员、居民代表等组成，定期召开有关社区日常生活的人们关心的小事以及难事会议。自 2014 年试点以来，解决了社区内的大大小小的纠纷和问题，已经形成了"遇事好商量、遇事多商量、众人的事众人商量"的"事议决"的工作机制。

2. 村民公约的制定与约束

法治是依靠现有维护社会秩序的最基本的各类法律法规的实施，而德治就是村民实施自己制定的"村民公约"。由于该社区是全新社区，全新居民，没有本地原有居民，而且是在先地块后社区的筹备中进行的，因此《村民公约》是在原本相互不熟悉的陌生人社会中发起的。它经历了居民的广泛参与。最先发起的业主们通过调查问卷、电话询问、网上社群消息等方式向最先入住的 3931 户全体居民征求意见，收到了 3653 户居民的有效反馈，经过 2 年 18 次各种类型座谈会，收集 2651 条意见，经多次修改和反复讨论，最终定稿为 26 条。它将居民日常行为的小事规范，用公约形式约定下来，涵盖健康环保、文明有爱、相互帮助等软性内容，并且没有

用不许、必须等强制性词语。大家的共识是"公约不是约束，而是方便"。

自治的最好体现是村民公约。该公约实施后，社区大量居民自愿成为义工，成立不同社团，自主维护和维持公约的执行，保证社区良好秩序。目前志愿者已经有 500 多人，成立社团组织 21 个。以"汽车喇叭"为突破口，引导 2021 辆车的车主加入"文明行车"行列，较好地解决了乱停车、交通混乱、乱按喇叭的现象。另外，还有交通引导、垃圾分类、环境整治、邻里互助等社团组织。

3. 共治的体现则在于"村民众筹"文化的形成

Z 文化村内逐渐产生了"众筹圣诞夜""众筹万圣节""众筹市集""众筹年夜饭""众筹村民日"等村民自发的众筹活动。每一次的众筹活动，既有少到几十人的邻居聚会、亲子聚会，也有上千人参加的大型活动。每当有这样的活动，开发商、物业公司、社区居委会等都会积极协助，提供各类互帮互助和秩序维护，村民也会自发形成志愿者团队，让更多的邻居相互认识，让每个人都有收获，更加丰富有温度；也让社区内的几方人员都相互熟悉、相互理解工作。

村民众筹最成功的案例是"社区图书馆"。各家分享自己的藏书，大人与孩子在这里一起分享，越来越多的居民把家中闲置的书籍捐赠出来，并形成流动书屋。倡议发出后，居民成立社区图书馆筹委会"自组织"，对具体的捐赠、管理、志愿者等进行了商议与确定。同时，社区居委会与街道与市区图书馆进行沟通，整合辖区内其他社区资源、外来志愿者的捐赠。W 公司与物业公司对图书馆的办公地点及其管理进行了政策支持与运营支持，与市图书馆形成了连接，可以通借通还。这是最好的社区共治典型，多方主体各自出力，共同治理，是自治与共治的结合，也是法治与德治的融合。社区党组织在各个环节中都发挥了组织与动员作用。"四治一体"为多主体社区治理提供了良好的借鉴。

五、复合共治型社区治理引发的思考

1. 防止"复合主体"止于"主流人群"

近几年，一直强调社会治理社区治理的"复合主体"，社区治理是多主体和复合主体的提法很多，实践层面进展很大。但是否复合主体只存在于各个主体的主流人群中？例如，近几年一直强调社区治理的"复合主体"，但是对于主体的认识，党、政府和学界都基本停留在其认为的"主流人群"，这样的"主流人群"主要包括：党政界、知识界、行业界、媒体界等不同身份人员。在这些界别上，人们关注的是每个界别的成功人士和高层人士。每个行业内部的最普通的最基层的人民并不在其所关注和蕴含的主流人群之内。这样一来，社会复合主体并没有落实到最终的广大的普通人民群众身上，反映不出居民的广泛需求。

如此，"人民主体"就可能会异化为"人民客体"。主体异化成客体，导致了居民主体地位的悬空。仅仅留存的只有志愿者和退休党员，并成为比例较小的部分。由于这些人在政府和社会组织的组织下开展活动，所以也只是参与、参加，不能算是自我当家作主的主体。社区治理是复合主体，仅靠政府、居委会和社会组织是办不好的。需要关注的是"人民在哪里"。社区治理主要是为了社区居民服务，社区居民有参与吗？社区居民有决策权吗？复合主体中，不论是共建还是共享，哪个环节缺少居民都不是真正发展。人民是复合主体中的主体。即使是在民众不出现的时候，在讨论的时候，民众作为事件的无形主体是存在于其中的。这才符合社区治理的目标、任务和方式的一致性。

2. 共享更需要共建和共有

社会主义制度优越性的体现，"共有"是重要的理论基础。若没有"共有"，只提"共享"，会造成实际上的受享者存在准入门槛，享有者存在"送慈善"和"施舍"心态。长此以往，这是一种不平等的不健康的共

享，不具有可持续性。目前该市提倡的共享，有两个特点：一是更多是技术上的，运用互联网平台共享他人信息；二是强调市场和资本的资源提供和分享。实际上这两项都是技术主义决定论和资本主导。但这在社会主义的中国却是无根之水。没有确定"共有"，也就不可能平等地、自然而然地共享。"分享"不是"共享"，分享是拥有对于其他人的帮助的。

只谈"共享"而不提"共建"，最终会成为一种"幻享"。2016 年以来，浙江一再强调"共享"，然而，由于机制协调和条块分割的问题，对共享真正落实到人民头上产生了不少障碍。共建才能共享。"共建，即共同参与社会建设，是社会治理的基础；共治，即共同参与治理，是社会治理的关键；共享，即共同享有社会治理成果，是社会治理的目标。"① 如果没有"共建"，仅仅只是在原有的平台上、具体工作机制上来做共享，仍然举步维艰。共享不仅仅是共享成果，还有共享机会、共享资源。共建是人民参与的过程，人民如何参与，需要有组织，需要有组织来组织人民参与进来，才会有主人翁精神、有参与建设的成就感、有负责任态度，才会更加享受和珍惜，自己组织起来维护共建的成果。

3. 非公企业占主体的基层治理工作挑战

浙江的产业形态主要集中于第二、第三产业，即轻工业和服务业。"浙商"既是浙江商业的简称，也是浙江商人的简称，足以体现浙江的产业形态。因此，个体经济、私营经济是浙江人群除了党政机关、企事业单位之外的广大民众的主要参与经济形态。因此，在分散的、个体的、私有的、快速流动的生产方式下，生活方式也随之受到充分自由主义、个体价值优先的影响。

在强调集体公有的社会主义观念下，非公企业党建引领工作是个重大挑战。如拱墅区的 35 个社区中有 8 个社区的党员流出比例都在 23% 以上，

① 李志勇. 如何实现共建共治共享 [EB/OL]. (2020-09-03) [2023-06-29]. https://m. gmw. cn/baijia/2020-09/03/34150884. html.

11个社区流入党员占到31%。而从经济形态上看，五个主城区167个社区中，有52个社区单独建立有自己的新经济党组织（145个）。由于职业、空间、作息规律、基本观念不同，难以集中组织学习和教育管理。如此一来，党员群体本身不能获得良好的学习和凝聚力，让其引领社会治理和社区治理就存在困难。仅仅依靠技术治理，是无法代替党的领导和组织的功能的。

治理，是对于社会秩序的理顺和规制规范，从而保证社会有序文明。任何科学和技术都源于人的需求、人的创新，也是为了人服务。技术是治理的手段和工具，不论是互联网还是各种APP、智慧平台、云计算、大数据等。人，才是治理的对象和核心。不能为了使用技术，而忽视人的存在、生活、交往和发展。

西方社会因为关注了人，所以发展了技术，在工业革命中赶超了中国，又因为过于信奉"技术至上"，忽视人的生存和发展，才有了今天的发展停滞和衰落。我们的五大新发展理念中，"创新、协调、绿色、开放、共享"是全新的，具有物化的技术和为人的理念的双重价值：既是技术的创新、协调、绿色、开放和共享，同时，其主体都是人，人与人的社会关系，也是为了人的发展。在强调共享的同时，如果过于技术主义，过于强调虚拟平台的共享，缺少人性关怀，缺少人的组织和活力，就难以获得真的创新和协调共享。

第六章　比较：三大社区治理模式的综合分析

经过总结调查研究情况，以"胡焕庸线"为分界点，选取几个代表性城市，如北京、杭州、广州三地几个社区治理情况进行调研，发现有明显不同的模式，我们归结为：政府主导型的北京朝阳区 A 街道社区治理模式，社会组织主导型的广州家庭综合服务中心社区治理模式和复合共治型的杭州社区治理模式。关于社区治理，政府主导型、社会组织主导型、复合共治型这三种模式各有利弊，是根据各地所在的具体特点生发的，目前来看，均比较符合当地的社区治理需求。不同模式的形成与当地的政治、经济、社会发展情况紧密相关，有共同的国家治理体系，但有不同的执行路径，各自有不同的特点、优点和困境。不论是哪种主导模式，社区都是最基本也是最关键的、不可或缺的单位，执政权就是组织基层的能力和实力。

在社区治理的宏观理念上，要理清社区中的大事、小事，公事、私事，这不仅仅面向社区工作人员，也面向社区居民，更有赖于社区治理进程中双方对于公共事务的意识和理解。本章分为三部分，一是如何理解社区治理中的"几件事"，二是关于流动人口带来的动态治理问题，三是具体比较和分析北京、杭州、广州三地的三种社区治理模式的原因和优劣，并进行了深入分析。

第一节　社区事务的几对关系

社区中的事几乎都是小事，但是对于社区居民来说，很多小事就是大事，很多公事就是自己的私事，或者说自己的私事其实就是大家的公事，即公共空间中发生的事件交叉重叠带来的影响和相互转化。那么如何理解这四件事呢？

一、社区事务的"公事"与"私事"

1. 公事、私事与大事、小事

公，从字的构成上看，上面从分，如果上部分合在一起就成了"个"；如果下部分是"刀"就是切成了八刀，变成了"分"，如果下部分是"厶"，就成了"公"。巧的是："厶"也是"私"的右边部分。八是背对背，与私相背，那就是公了。如此看来，中国古人似乎已经看到，"公"就是与个人、私人紧密相关的事儿。"公"就是个体或私人聚合在一起时的没有那么"个"性、没有那么"私"性，从而能分享到共同的事物。而对于"共"字，显然是上部分是井田制的中间一部分，下部分是八，也是把公共部分"合起来"再统一分开。公与共有不同，也有相同，"公有"与"共有"也如此。这里先不继续深入分析"公有"与"共有"的区别。

"大事""小事""私事"，"三事分流"的经验，鉴于在社区生活与治理的大事和小事，公家事和自家事的划分，这里做一些思考。

2. 公事与大事

天下为公、一心为公、大公无私，都有公。公家人、公家饭、公家事。从国家、政府以及理论界来看，公事由于涉及更广范围、更多人、更长时间，更深程度的改变，往往都是有组织的大机构大团体的"大事"。

"公"的范围细分起来却有大有小，毕竟因为群体的形成不一样，如果用同心圆来表示，大公是大圆，大圆之中有大大小小的小圆，而不仅仅是大圆本身与其他的圆有相交叉或重叠部分，大圆之中的小圆也有交叉，不仅如此，大圆中的小圆或许与其他大圆以及其内的小圆也有着千丝万缕的联系。

这样一来，一件事情的发生，就要看站在那个"圆"的范畴和立场来看是否属于"公事"。对于地球来说，地球就是最大的圆，气候变化、海洋生态等就是最大的"公"；对于国家和中央政府来说，以国土为范围的大圆就是最大的"公"，也就是我们所说的"天下为公"，天下的所有人和所有物都归属公共。这个公共就是以国土为范围的"圆"。由于地球和国际没有统一的实质意义上的行政主体（联合国等国际机构只是抽象协调机构），所以这样的全球治理最终还是靠国家间的实力和协调，极其艰难。对于一国及一国政府而言，"公事"是全国的发展，公事一定是大事，如举全国之力举办奥运会等。对于地方政府而言，公事就是该地方所辖区域的公共发展，公事也是大事。

这样的大事基本都会达成共识，基本都会有自豪感，但也都会有搭便车心理。大事毫无疑问可以引起重大注意，一来在道义上来讲非常明确，二是这样的大事的具体益处基本不是具体落实到个体头上（当然这需要个体的专业和专门去分析）。

对于社区而言，居民已经都有各自舒适的活动空间，只要不进入较少的公共空间，不太影响自我的日常长时间生活的便利，基本不会认为有多大问题。因此，社区的公共事务就很难进入到大家的视线，也很难让居民认为社区的公事是大事。其实就国家和政府的大事来说，如果不涉及自身的具体利益得失，人们可能也不会认为这是大事，而只是别人的大事。倘若是为了奥运会的大事而需要拆迁自己的房子并没有得到足够的补助，虽然对比奥运会和自己房屋拆迁，奥运会当然是更大的公事，但是，个体基本不会为了这样的奥运会公事而让步，而是更加关注自己房子拆迁。从这个意义上来说，只有影响了自我生活便利的社区的"公事"才会引起居住区域个体和群体的埋怨和关注，也就将遵循"公事—出事—大事"的逻辑发展。社区治理中的行政事务较好解决，所涉及的"公事"，如电梯的使用、公共分摊、养宠物、老人小孩活动空间等，大家都认为是小事，只有对自我有影响时，才是大事。

如调研中广州 B 街道综合中心提供的关于电梯使用的个案就是如此。在同一栋楼居住的居民，居住在 1~5 层的拆迁户居民不能使用电梯，而 6 层以上的商住楼价值购买的居民可以使用电梯。10 年前，大家都相安无事，合同也是如此签订，即使搬家有所不方便，但也只是小事。但是 10 年后，原来拆迁户居民已经年岁渐老，对于电梯的使用极为迫切，这就使得 5 层以下电梯的使用成为 10 户居民的大事。这样一来，矛盾升级，有人不断上访和围堵 6 层以上的居民。但是，对于 6 层以上的居民来说，电梯使用 10 年来从没有成为大事，当前也不是大事，只不过现在因为受到 5 层以下住户的围堵平添了几分心理的拥堵。因此，公事真的是大事吗？对于不同群体来讲，还真的不一定。尤其是利益相关者，"别人家的公事，别人家的大事"，和我自己眼中的公事，到底是大事还是小事，是需要通过对自己利益影响的对比来实现认同的。

3. 私事与小事

由上一章节分析可以看出，人们最在意的往往是私事和小事，反而对个体或者有着共同诉求的群体来说的大事，尤其是超过了公事的大事不那么在意或迫切。中国传统文化认为，自己管好自己，也就为社会做贡献了，因此就有"修身"的起点，然后才是齐家—治国—平天下。诉诸内在的修养和约束准则在先，一方面确实要求个体管好自己，做好自己的素养，因此就有了"沉默是金"，就有了"穷则独善其身，达则兼济天下"，这些都是讲究"束其之事先束己也"；另一方面，这种主要诉诸个体内部的约束，容易造成只管自己、不管公共领域的倾向，也就存在着《事林广记·警世格言》中所说的："自家扫取门前雪，莫管他人屋上霜"以及"事不关己高高挂起"等类诸多的俗语，劝解警醒民众不要自讨没趣。由此，东西方实际上存在的传统跟现在大家的认识是相反的：西方更讲究公共领域，启蒙运动文艺复兴强调了个人的价值体现和张扬；东方一直就是个体为大，所以近代强调集体主义精神，强调公共意识。

对于民众来说，自己的私事，即使在别人眼中看来是小事，那也是天大的大事。当公事与私事发生在同一个体上或者同一诉求的群体上时，就会产生博弈，但往往对于民众来说，私事为大在心理上占据上风。此时，就很难用大事、小事和私事严格区分开来。重庆南岸区提出的"三事分流"，即"大事找政府，小事找社区，私事自己办"，在基层议事协商时将群众诉求按照"大事""小事""私事"进行明确，并分类处理。大事是政府管理事项及公共服务，由政府部门负责解决；小事是村（居）公共事项及公益服务，以村（居）委会为主导，社区自治组织、社区社会组织和社区单位共同协商解决；私事是村（居）个人事务和市场服务，由居民自行解决或寻求市场服务。关于这三类事情的界定在这里确实比较明确，但是具体到实际，同一件事情可能既涉及私人，也涉及居委会，同时也牵涉政府部门，这是一个链条式的，一环扣一环的，而不是断层式的、明晰条块隔绝的。

二、"私事—小事—出事—大事—公事"的转化

当前，我们看到"家万户的事"多种多样，而且在不断反复和转化。这样的反复转化就会造成同一件事情，可能是私事，也是小事，也是公事，最后变成了大事。比如，国家四部委在全国范围内开展新能源汽车推广应用工作，中央财政对购买新能源汽车给予补助，提倡居民购买。在调研中，北京市 A 街道 Y 社区的一位居民，由于上班距离远，需要交通工

具，在政府提倡下，购买了新能源汽车，买回来后需要充电，这位居民就想在居住的楼下空地自己花钱建一个充电桩。按道理来说，这是个人解决自己的私事，也符合国家倡导，但在建造的时候，社区居委会来人要求停止，因为按照街道管理的规定，居民不能擅自在小区楼层之间的公共空地上占地给车充电，需要上一级行政机构政府批准。居民去街道办事处提出申请，结果发现街道没有社区公共用地的审批权限，无法批准。居民迟迟没有建成充电桩，但车在政策倡导下已经购买，还获得了补助，现在无法上路，只有多次往上一级政府去要个说法。这件事情就形成了"私事—小事—公事—大事"的转变。

可以看到，当前各类社会矛盾与冲突层出不穷，往往不是大事、要事，而是与民众日常生活紧密相关的"痛痒之事"，尤其是小事、私事引发的。我们党历来注重群众的小事，在1934年1月召开的第二次全国苏维埃代表大会上，毛泽东作为代表作总结，指出"解决群众的穿衣问题，吃饭问题，住房问题，柴米油盐问题，疾病卫生问题，婚姻问题。总之，一切群众的实际生活问题，都是我们应当注意的问题"。假如我们对这些问题注意了、解决了，满足了群众的需要，我们就真正成了群众生活的组织者，群众就会真正围绕在我们的周围，忠心地拥护党和政府。"痛痒"不是大病，但是痒起来挠不到也着实难受。"挠痒痒"，挠好并不简单，也是需要智慧的，知道哪里痒、什么时候痒，什么时候挠、挠的力度如何、挠的时候的态度以及如何保障下次同一个地方不再"痒"等。

与群众脱节，不站在群众自身角度考虑问题，就会颐指气使，用官老爷的心态和"一刀切"行为，用嫌麻烦的态度和用送慈善的行为，用钱买得一时太平的方式来解决，但这最终不能够赢得民心。值得注意的是，从"私事""小事"最后转变为"大事""公事"，中间的连结或者说激发点就是"出事"。而"出事"往往以民众不满意"闹事"为途径形成。再加上当前自媒体、网络传播以及似是而非的传播信息，有的人怀着局外人心态大肆传播，很快就形成了事态扩大，变成了大事。最后要由党和政府来买单，这就成了公事。这样的路径自然不利于党群关系，不利于治理体系的形成和能力的提高。

反之，如果党群关系融洽，党站在群众立场上，为家家户户排忧解难，民众信任党，即使决策和执法有瑕疵有错误，也是能接受的，这样就从"公事""大事"比较顺利转为"小事""私事"，民众也就愿意融通。事情解决了，双方都愉快，成本也低下来。对于社区来说，尤其如此。当前广州购买家庭综合服务中心型社会组织来连通社区和居民，为居民解决小事，挠痒痒，一定程度上也是抓住了这个核心，促成了公事、大事、小事、私事的分流，促成了相互之间的转化，也确实起到了一定积极作用。

三、公事、私事、大事、小事的转化源于党民关系的良性互动

当前社会流动加快，但是社会心态相对滞后。流动空间形成的生人社会要保持秩序就需要依法治国。陌生人社会秩序要求国家、社会、民众强调依法治国办事理念，但是社会与民众在办自己的事时又延续了以前的熟人社会方式。"党政体系科层化：办得了'大事'，办不了'小事'。"涉及社区里面就是群众自身的小事，科层制办不了。办社区生活中的"小事"，古今中外都是"天理"在前，"人情"在后，统一的"国法"居于最后。而"依法办事"要求官员把"国法"放在第一位，不能依"情理"办事。官员"依法办事"，事办不成，自己没责任。官员办事兼顾"情理"与"国法"则费时费力，还要自行承担责任。

对于现代社会"依法治国"的态度，在遇到自己事情的时候大家的态度是相反的、模棱两可的。一方面，不断流动的社会中，人们处在陌生人社会中，不熟悉、不信任，需要法律法规来规范交往秩序，以此保证自己的权益；另一方面，一直延续下来的以血缘、地缘、学缘、业缘形成的熟人社会，本身就有一种无形的规则来保证秩序的运行，来得快，而且成本

低，也更加符合中国人一直以来不愿意诉讼的心理。这就造成了人们在面对生人社会的法治国家规则和熟人社会的人情规则之间的冲突：没有熟人的时候希望涉及方都完全按照法律来，有熟人了就希望自己能够完全按照熟人规则来办事，以此取得优先权益保障。

如何从"党群关系"进步到"党民关系"？要理解"群众"与"人民"的区别。群众是没有组织起来的人群，是一盘散沙，人民是组织起来的人群。党要治理好自我，治理好国家，都需要组织人民积极参与，让人民真的成为主人翁，自己负责，自治共治。因此，改善"党群关系"实质上应该是改善"党和人民关系"更为确切。党的集体和个体本身在变化和流动，民众也在变化和流动，当两个主体都在动态运转状态中，需要良性互动，才能形成如齿轮般的咬合。党要在基层社区治理组织民众，有社区就要发挥党员作用、有党员就要建立党组织、有党组织就要有党的声音、有党的声音就要有党的服务。这样各级党员和领导干部就会努力组织人民积极参与，不断创新方式方法，党的建设水平也会随之提高。

第二节　几种社区治理模式的比较分析

通过三地调研，当前我们的社区治理在主题上已经明确，在主体各方上也基本都有清晰的位置与功能，但是在多个主体上如何分配资源、如何相互配合、如何组织内部成员以及居民共同合作形成合理有序的社区治理体系，真正保证居民"日常生活明白且合理"，符合居民的需求和共同利益观念，还处在理念不清、意识不够的阶段，需要进一步深入剖析。

一、社区治理多主体的分布

当前城市基层社区按照性质不同主要分为八大主体，按照一般人的普遍印象和生活体验，其顺序为：①街道办事处；②居委会；③物业公司；④中介组织（其他各商业组织的代表）；⑤社会组织；⑥业委会；⑦党的基层组织；⑧社区居民。八大主体性质各不相同，也相互形成几对对应关系或非正式网络关系。其实，这个顺序，从某种程度上也反映了当前社区治理中权力分布结构（见下图1）。八大主体中，街道办事处属于政府部门，属于行政机构，党的基层组织是党的体系，居委会和业委会是居民自治组织，物业公司与中介组织是商业机构，社会组织属于非营利机构。这些不同性质的机构基于居民的公共服务在相互之间产生各类互动。

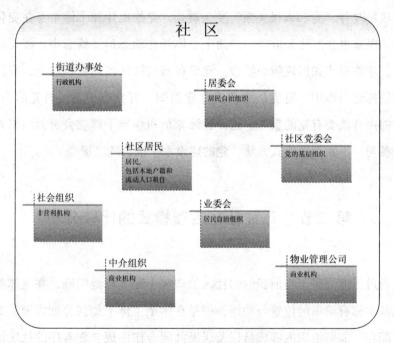

图1　社区中的多主体

从图1可以看出，社区内不同群体围绕公共服务展开各种互动关系，从外在看是不同的组织之间的博弈，从其背后所属的性质来看，所体现的是国家治理在党、政府、居民自治、社会公益和市场各自的所及之处和运行规则的准入设计和规定，是浓缩版的国家政治，如同国家治理的沙盘。

社区事务千头万绪，社区工作同时也是千丝万缕。两个主体之间存在着主要的对应关系，但同时与其他主体也存在不同程度的互动。如街道办事处与居委会之间，物业公司和业委会之间，社区居民与业委会之间，社区居委会与社区居民之间，街道党工委、街道办事处与社区党委会、社区居委会之间。实际上，各主体在日常生活关系之中，都会发生或直接或间接的互动关系（如下图2）。

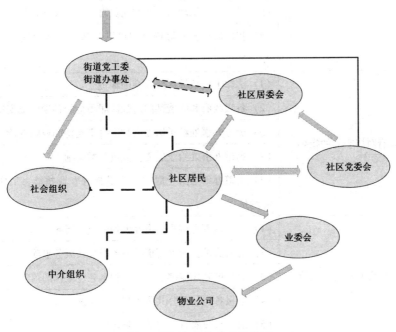

图2　社区各主体的互动关系

图2中不同的箭头、实线虚线代表的是直接或间接关系。社区居民选举产生居委会和业委会，业委会有挑选物业公司的选择权，街道党工委是社区党委会的上级机构。而居委会与街道办事处、居民与街道办事处、物业公司、中介组织和社会组织产生的是直接日常关系，不相互决定。街道办事处购买社会组织服务，办事处与居委会相互联系，居民与社区党委会相互联系，社区党委会指导社区居委会，形成了以居民为中心，居民公共服务为核

心的社区治理运行关系。请见下表1。

表1　以居委会为中心的基层组织在社区治理中的互动

党的基层组织全覆盖及互动	（1）党的基层组织全覆盖
	（2）基层党组织的自身党建工作
	（3）基层党组织指导、协助和监督居委会
	（4）基层党组织发动党员起模范带头作用
	（5）基层党组织动员和组织居民自治，为民众排忧解难
	（6）社区居民及社区内组织可以对基层党组织提出意见和监督
政府对居委会的指导	（1）法律上确认社区居委会的地位
	（2）各级政府和职能部门对社区居委会的各项资金支持
	（3）街道办事处给予居委会政府决策支持和权限支持
	（4）街道办事处给予居委会成员各类激励
	（5）街道办事处给予居委会成员提升专业技能、工作素养的培训
居委会对政府的支持	（1）一定程度上接受街道办事处的业务指导
	（2）七大委员会协助街道处理各类公共服务事项
	（3）对街道和职能部门的政策和事务性工作的落实
	（4）上报各类居民公共服务和提供建议
	（5）对上级政府有一定的监督作用
居委会与居民的互动关系	（1）居委会成员和成立由社区居民通过民主选举产生
	（2）居委会为社区居民营造精神文明氛围
	（3）居委会维护全体居民的权益
	（4）居委会为居民提供日常各类基本公共服务工作
	（5）居民通过居委会直接行使自治权和自我管理自我服务
	（6）居民对居委会工作提出建议、改进和监督

续表

居委会、居民与业委会的互动关系	（1）业主居民选举产生业委会，自行缴纳费用
	（2）居委会对小区业委会有指导和监督义务
	（3）居委会支持业委会维护业主居民的权益
	（4）业委会为小区业主居民负责
	（5）业委会配合居委会开展社区自治工作
	（6）业委会在开展小区重大事务及选举换届时要通知居委会参加
居民、业委会、物业公司的互动关系	（1）小区业主居民选举业委会
	（2）业委会代表业主的利益，决定物业有关的一切重大事项
	（3）业委会选择、协助和监督物业管理公司管理运作
	（4）物业公司为业主提供合同签订的服务

二、多主体社区治理的核心影响要素

城市社区治理因为各种原因呈现很大的差异性。以北京、杭州和广州为例来看，就存在这样三种不同的治理方式，见表2。

表2 北京、广州、杭州三地社区治理方式比较表

社区名称	北京朝阳区 ××社区	杭州上城区 ××社区	广州越秀区 ××社区
社区所在城市定位	北京，首都，政治中心	杭州，宜居城市，省会距离首都1200km	广州，经济发达城市，省会，距离首都2300km
社区类型及空间布局	老旧小区，老式设计，产权多为房管局，20世纪60年代原为国有企业家属楼区	老旧小区+高层住宅楼，市民广场所在地，社区公园所在地	老旧小区+高层商住楼+拆迁户混合组成的社区

社区名称	北京朝阳区××社区	杭州上城区××社区	广州越秀区××社区
社区地缘环境	位于朝阳区 CBD, 毗邻国贸、SOHO 和中央电视台新址	位于杭州市中心腹地, 环境较好, 卫生资源丰富, 毗邻浙二医院、健康指导中心等	毗邻商业区, 毗邻香港, 借助香港社区治理方式——购买家综型社会组织服务
社区治理方式	街道与社区居委会为主, 以及少量社会组织参与。鼓励居民设立社区社会组织, 申请"社区创享"公益金、组织志愿者	街道与社区居委会为主, 街道推所有社区"共享治理", 建生活中心, 购买社会组织"平台运行"服务, 每年 30 万。志愿者+义工形式	借鉴香港模式, 街道购买家庭综合服务型社会组织。每年 200 万资金+每个街道提供一个大型办公场所, 在社区下设服务点。志愿者+义工形式
社区业态构成	主要为家属居住区, 底商出租, 个体商业、生活区、社会单位若干	传统小区, 大型企事业社会单位多、居民多为退休长者, 少量个体底商	底商商贩、个体经营、私企外资公司、商业大楼、别墅区投资用地
社区居民构成	多为原国有企业退休职工、下岗职工, 老龄化非常严重。租户多为个体户或白领, 流动人口多	熟人为主的小区, 老龄化严重, 有成熟的社区养老院、"星光计划"等	本地拆迁户、高收入人群, 外地租户、流动人口混合居住, 流动性大, 老龄人口多
社区领袖文化	司堃范, 获国际红十字会"南丁格尔"奖。退休后成立"司堃范爱心工作室", 组建团队志愿为老人服务	钱学森故居、太平天国听王府旧址、毛主席爱国卫生视察纪念馆、中共党小组纪念馆、"红巷精神"	广九火车站纪念公园。广九铁路修建于 1907 年 7 月, 连接广州与香港。社区市民有共同文化的连接点

从上表三个不同地方的社区情况比较来看, 主要影响因素有: ①社区所

在城市定位；②与政治中心的地理距离，实际上是政治氛围程度和市场经济发达的高度；③社区类型及空间布局；④社区地缘环境；⑤社区治理方式；⑥社区业态构成；⑦社区居民构成；⑧社区领袖文化。影响社区治理实践模式与效果的因素有多个，具体分析如下：

第一，基本与所在城市本身的定位有关。北京作为首都，更加强调行政指令和稳定；广州毗邻香港，市场发展成熟，主要采用购买社会组织服务；杭州为宜居城市，商业经济较为发达，但社会组织发展缓慢，是北京和广州方式的结合，采用"共享治理"。

第二，我们发现：离国家政治中心越远，市场经济越发展活跃，在社区治理上居民参与的更多，社会组织参与的比例更多，对外来人口的管理政策也越多样化和宽松。

第三，社区治理与社区居民构成紧密相关。在老龄化趋势较为严重的今天，社区要注意老龄人口的日常生活起居，建好老龄人口的活动平台，有条件的社区甚至自建"社区养老院"。

第四，社区治理与社区类型及居民构成紧密相关。传统老旧小区，空间小，几代人一直住在这里，熟人占到70%，彼此熟悉和信任，容易形成群众自治，志愿者多；新型的商住楼小区住户分散、陌生人多，年轻的忙于工作的多，流动人口多，出租户多，因此采用购买服务形式多。

第五，传统老旧小区一般是经济情况较为一般，老人对于之前的居委会更有感情和依赖性，更愿意找居委会帮忙，居委会也较为容易组织居民；而新型商住楼小区、别墅区都为经济实力强、收入高、工作忙的较为年轻的新一代有产者，是陌生人社会，因此更倾向于直接向物业公司或者商业组织以及社会组织来获取优质服务，对传统居委会的服务和福利没有老旧小区的居民那么青睐。

第六，一个社区的治理与社区领袖文化紧密相关，这是连接社区居民的共同点，使大家在公共的心理空间有共同的同理心和荣誉感，较能组织和动员居民参与此类事件，并自觉保持和维护。

第七，尚未深入了解社区产业形态对社区治理方式选择的影响，还需要进一步研究。

三、流动人口的动态管理问题

以上几个社区都涉及流动人口问题。根据分析，我们发现传统社区更容易管理，因为都是熟人社会，大家都认识，有世风良俗约定俗成。如果是租住区域、完全开放的新区域，就比较难以管理，原因归结于流动频繁。动态治理是现代社会提出的重要要求，人的流动是古今中外就有的，而且将会越来越频繁，因此动态社区治理是非常必要的。

根据查询材料和自己调研的情况，不论是对于城市常住人口还是流动人口，主动还是被动，政府对其管理基本都是围绕"人"，以三个步骤展开："人的信息了解—人的资格审查—人的管控管理"。只不过对于流动人口及其中的特殊群体流动党员更为明显。往往一般是前两步做得不错，但是在最后一步"人的管控管理"上较为滞后。其实也就是完成了 WHO 和 WHAT，对于 HOW 是没有办法的。为什么不能解决 HOW 的问题，关键在于 WHY 的问题没有解决，即国家和政府管理到底是为了什么、党领导国家治理是为了什么。

全国流动人口的管理从 1995 年正式开始。1992 年邓小平南方谈话后，下海现象增多，因此，1995 年，国务院下发关于全国流动人口管理的若干文件。2000 年全国第五次人口普查已经有了关注，也发现流动人口的急剧增加。从几个文件可以窥见当时时代发展的趋势：1989 年《关于严格控制民工外出的紧急通知》，1994 年《农村劳动力跨省流动就业管理暂行规定》，1995 年在厦门召开全国流动人口管理工作会议，1995 年《关于加强流动人口管理工作的意见》，1997 年《小城镇户籍管理制度改革试点方案》，劳动力作为生产要素更为活跃。以北京对流动人口的管理为例，可以看到社会或社区对流动人口的管理还是比较滞后。

2010 年开始，流动人口成为北京的关注焦点。北京对于流动人口的管理加强主要是行政手段的加强，这始于 2010 年第六次全国人口普查之后。由于流动人口迅速增长，北京各方引起了更大关注，制定了大量流动人口管理法规。紧接着，北京采用流动人口四级网络管理：将流动人口和出租房屋管理体制合一，工作重心由"治安管理"转向"综合管控"，工作理念由"注重管理"转向"服务管理兼顾"，工作网络从无到有，建立了市、区、街（乡）和居（村）四级工作网络，形成了各具特色的流动人口基层工作模式。

对比东城区和朝阳区流动人口管理网站来看：①两个区都有"流动人口管理之家"的专门网站，东城区从 2004 年开始，朝阳区从 2010 年开始。②朝阳区是流动人口大区，仅次于海淀区；东城区较少，但由于南边的崇文区合并到东城区后，流动人口有所增加。③东城区流动人口之家自 2004 年开通以来一直坚持更新，信息都是最新的，几乎每天都在各个栏目更新。并且还设置有"海英信箱"，每天回答各类流动人口的问题。④流动人口信息数据更新无法提供跟进服务。朝阳区网站自从 2010 年 2 月上线上传信息，到 2011 年 4 月 15 日就停止了，此后再无更新信息。朝阳区流动人口 160 多万，但朝阳区"流动人口之家"从 2010 年开通至 2017 年，约 7 年时间点击率只有 127020 次，不到 1/10。

社区治理中的流动人口管理不充分，主要原因在于：①流动人口管理的事项过于繁杂，政府行政管理类别太多。涉及流动人口管理一共有 19 大类，94 项。19 大类分别为：户口、暂住证、工作居住证、档案、婚姻、声誉、劳动保护、购房、机动车、驾照、飞机公车、外地子女借读、毕业生、营业执照、卫生许可证、养狗管理、特行管理（特殊行业管理，如旅店、印章、典当、旧货、机动车修理等）、出入境管理和救助站。②流动党员管理是有想法没办法。流动党员在统计中单独列为一栏，说明对这个问题的重视。尤其是各个街道和社区都有统计流动党员的单独事项，从中可以看出党和国家重视党员的作用。但是只有三个关于流动党员管理的文件：一个是中组部 1994 年印发的《关于加强党员流动中组织关系管理的暂行规定》；一个是 2011 年《关于试行〈流动党员活动证〉制度的通知》，其中关于流动党员管理只有简单的几条规定，主要是企事业工作单位之间的流动党员适用，非公企业和服务业等大量私营企业流动党员并不在内；还有一个是《流动党员组织关系转接问答》，也是 2011 年的，也只有简单的几条，适用于企事业单位的工作流动的党员。这表明党在流动党员管理上有心无力，有想法缺办法，有"想念"没理念，亟待更新和丰富。

有一些社区治理较好，主要做法得益于以下：①不同的职能部门和不同的主要考核指标造成不同的管理力度。经过查询，东城区网站由北京市东城公安分局管理和更新，朝阳区则由北京市朝阳区人民政府所有。公安分局作为主管流动人口的职能部门更能有效地开展和更新工作，而且东城公安分局在工作中也将更新列为专业部门的主要绩效考核指标。区政府统管所有事项，不可能只关注这一项，并且区政府的行政绩效考核指标主要在于经济发展 GDP，而不是在控制人口和流动人口服务管理。这是两家网站的不同，也是对事项管理结果不同的根本原因。②负责任的党员是管理的关键。"海英信箱"的负责人，同时也是东城区"流动人口之家"网站的负责人，是中共党员，大学文化，现任北京市公安局东城分局东四派出所调研员，长期负责流动人口服务与管理工作，被群众称为"群众的贴心人""警官妈妈""爱心妈妈""爱民楷模"。2004 年 3 月 30 日，该负责人积极主动创意开通了全国首家"流动人口之家"网站。该网站是该负责人坚持运用科学发展观指导流动人口服务与管理工作的又一个飞跃，是她 15年来坚持创新取得的心得和成果。

第三节　不同治理模式下的不足与对策

政府主导型也好，社会组织牵头型也好，复合主体共治型也好，其实都比较符合当地的社会背景和治理需求。但这几种方式还是存在一些共性问题需要我们进一步思考和关注，发现不足并找出相应的对策措施。

一、社区治理的人民主体性不足

社区治理是复合主体。仅靠政府、居委会和社会组织，是办不好的。当前社区治理中，政府指导、引导，居委会成了最基层的一级准政府，失去了居民自治组织的核心功能，过于行政化。而社会组织的加入是由政府花钱购买的，都是将社区民众作为管理的对象和治理的客体对象，而不是主体。因此，主体异化成客体，导致居民主体地位的悬空，仅仅留存的只有志愿者和退休党员成为比例较小的部分。由于这些人是在政府和社会组织的组织下开展活动，不能算是自我当家作主的主体。

那么，群众满意吗？政府收获了人民的认可吗？从这方面来看，政府付出的成本是很高的，但是事情没有亲力亲为。民众变成感谢社会组织，很少感谢党和政府。党的群众基础大大减弱。行政化的强化，服务变成了管理，为人民服务变成了管理人民，成本增高了，但是结果没有获得高的认同度和亲切感，导致了"播下的是龙种，收获的是跳蚤"的现象时有发生。

当社区的组织动员能力不足时，社区治理就完全变成了社区被治理。社区作为主体尤其是社区居民作为主体的自治能力就没有很好地发挥出来。社区自治的关键因素就在于，居民是否被组织起来形成一个有效整体，并对社区公共空间的事务有一个自我治理的认识。我们知道，社区分为工作社区、居住社区和虚拟的网络社区、共同情感联系组成的如宗教社区或以职业取向为组合的职业社区。这里的社区治理主要是"居住社区"。一个社区主要由几个要素形成：人群、共同的居住地理空间和人群在这个公共空间内的交流活动与公共利益。社区是人的聚合，也是协调各类活动的规则的聚合，社区治理的主体是居民，主要依托政府、居民自治组织和社会组织以及个人等形成体系，对社区内部的公共事务进行自我管理。也就是，"社区治理＝社区管理＋社区自治"。

社区治理就是要为社区里的每个家庭的事务服务，为家庭作为细胞形成的公共社区空间存在的公共事务服务，如营造良好的社区交往氛围，形成非正式和正式的社区规范，调动社区居民参与公共事务，与社区内部的其他组织以及社区外部的组织进行沟通、协调和交往，解决事务，不断提升居民的自治能力和社区能力。香港当前的社区治理回归社区、回归家庭可以为鉴。社区治理最终都应该回归到主要由居民自己行动起来的自我参与和自我管理。

二、行政化办法过多而居民自治不足

北京主要依托"两委一站"，社会组织较少参与。广州主要以行政＋社会组织，依托街道、居委会和家庭综合服务中心。财政资助方面，北京、广州两地主要都是依靠政府，具体服务事项上尽管广州的社会组织家庭综合服务中心办理了许多具体的事，但仍然是政府提供主要服务清单和财力、硬件和行政等支持。

之所以北京、广州两地形成的主要社区服务做法不同，除了广州有居民服务的需求之外，还因为广州的市场经济更发达、毗邻香港，学习香港的文化传统和义工观念综合形成，当然更多的是广州的政策支持和巨大财力，尤其是办公场所的免费大力支持，另外，还涉及北京作为首都的重要位置和地位有关。

北京的社区治理"两委一站"和少量的社会组织社区组织参与，目前的"12345 接诉即办"服务机制让群众有了参与。广州家综中心要参与社区的治理，就必须进入社区，与社区居民接触，形成良好的熟人关系，这需要街道政府和社区居委会的大力支持。家庭综合服务中心要解决棘手的问题，就需要协调各类关系，如企业事业单位资源、业委会、物业公司等也都需要政府资源的支持和协调。因此，社会组织的社区治理在两地看来都是非常行政化的。

依据《城市居民委员会组织法》，社区居民委员会"是居民自我管理、自我教育、自我服务的基层群众性自治组织"。本意是更好地为居民服务，但由于街道政府设置许多职能部门承担的政府安排的工作，有时间限制，要向社区求助，而社区"两委一站"岗位职责与街道办基本上是相互对应的，需要往上搜集和报送各类信息和材料，这在一定程度上冲淡了社区对居民的服务功能。本是居民自治的社区，无论是居委会的组织功能设置，还是人事安排、考核评价，变成了街办派出机构，成了"迷你街道办"，导致行政化严重。

在新中国刚成立的时候，社会主义在基层结构的体现是人民公社。当今是居民社区。我们可以看到，"人民"与"居民"，"公社"与"社区"是两个截然不同的称呼。名称上的变化实际上来自现实的发展。首先，作为一个生活区域而言，公社与社区都是表示一个空间，都源于公共社区。

当我们回顾人民公社的时候，以客观的角度来看，会发现值得思考的地方。公社体现社会主义性质，公社是为了聚合大家的力量把事情做成，体现了平等，增强了团结互助的初衷。毛泽东在 1958 年提出最先在农村办人民公社，除了生产合作外，还有各种事务的合作公社，要逐步把人民公社建设成构成我国社会的基层单位。1960 年年底，完成了城市人民公社的转变。这个时候公社是生产与生活的结合。而对于城市来说，毛泽东提出："一是城市不同于农村，情况比较复杂；二是城市中的所有制的主要形式已经是全民所有制，工人阶级领导下的工厂、机关、学校（除一部分职工家属外），已经按照社会主义原则高度组织化了，因而城市公社提出一些与农村不同的要求；三是目前城市中的资本主义和知识分子中的许多人资产阶级思想还相当浓厚，对成立公社还有顾虑，应当等一等他们。"①据全国总工会调查统计，至 1960 年 5 月 10 日，在全国 180 多个大中城市的 6900 万人口中，建立了人民公社 1039 个，比 3 月底增加了 73.7%，公社人口达 3900 万，占全国城市总人口的 55.6%。公社既是社会主义政权组织的基层单位，集中地行使上级规定的一切行政职权；又是经济组织，是生产、交换、分配和人民生活福利的统一组织者。

在当时，城市人民公社既管政治思想教育，又管生产、生活以及居民工作，是政社合一的社会基层组织。它是组织城市中居民、职工向社会主义、共产主义过渡的组织形式。实际上，"公社"的名称更能体现社区公共性和社会主义主人翁的性质。居民社区，其功能不同于人民公社，在于这里是居民的社区，体现的是生活空间的统一，与生产无关，但却没有体现出"公"的性质。生活空间同样有公共领域、公共事务，需要组织居民一同参与。社区的功能就是组织居民、动员居民为自己生活所在的公共空间与公共事务做主，相互扶助，自己解决问题。

三、基层自治能力与组织动员力的局限

一个组织的自治程度如何，是否能够反映自身成员的意愿并实现自我管理和自我服务，取决于几个因素。拿社区居委会来说，首先，从法律界定上来看，根据《中华人民共和国居民委员会组织法》的规定，社区居民委员会是居民自我管理、自我教育、自我服务的基层群众自治性组织。法律法规上没有问题。第二，从设立形式和人事权上看，居民委员会的成员

---

① 中共中央文献研究室. 建国以来重要文献选编：第 11 册 [M]. 北京：中央文献出版社，1995：600.

由全体社区居民选举产生，之后组建七大委员会，并制定《社区居民自治章程》。第三，从经费来源来看，《居民委员会组织法》第十七条规定："居民委员会的工作经费和来源，居民委员会成员的生活补贴费的范围、标准和来源，由不设区的市、市辖区的人民政府或者上级人民政府规定并拨付；经居民会议同意，可以从居民委员会的经济收入中给予适当补助。居民委员会的办公用房，由当地人民政府统筹解决。"其经费主要来自人民政府。第四，从居委会的日常运行方式和权限来看，由于社区党委书记与社区主任共同协商，并指导和参与大量事务，因此，党在此时起到的作用可以发挥出来。但实际上，社区党委接受其上级街道工委领导时，由于当前党的行政级别问题，较多的事务仍然由街道办事处决策和处理。第五，从激励和监督体系来看，对于居委会人员的有形奖励如补贴、津贴、福利等，和无形的奖励如评优、荣誉、自我价值感的实现等都由街道办事处来考核、评定和支出，这也因此决定了自治组织本身没有激励动力。第六，从居委会本身的主观意愿来看，在当前社会也需要上级政府的支持，否则居委会成为空头摆设，既没有权威，又没有权限，完全成为政府行政事务下沉的跑腿人。

因此，如果少了社区自治，只有完全的社区管理，就变成了"社区被治理"。"社区治理"在于社区是主体自我治理、自发治理，而"社区被治理"则是其他各个单位和社会组织共同来治理社区，社区居民缺乏自治，只是主动寻求帮助和被动接受治理，反而成了社区治理的对象。无疑，这并不是我们所希望看到的包含居民自治的实际意义的社区治理。根据北京和广州两地的社区治理做法，似乎可以质疑我们看到的这种社区治理到底是真正的"社区治理"还是"社区被治理"。社区居民的自发组织起来管理自己的事，自己说了算，自己决策，很少见。广州稍微好一些，社会组织协助居民的治理同样促进和引发了更多的居民参与进来，成为志愿者和社工。北京虽然也有自发组织起来，但相对来说比较少。

这样一来，居委会的组织动员时间不够、精力不够、权限不够，导致能力既无法发挥，也无法提高。这里，就提出一个循环问题：是自治能力有限导致组织动员不够，还是组织动员不够导致自治能力有限？

四、警惕过度依赖社会组织与技术治理

社会组织的引入，可以加强社会工作的专业性，但是不能取代民众。调研中有一个案例即反映了类似问题。M 社会组织服务中心于 2015 年正式入住杭州的 Y 社区，该服务中心为另外两家大型社会组织派生出来的。之所以能够进驻社区，主要是得益于该组织的负责人有经验，其与地方政府有良好的社会关系也是一定的原因。社会组织得到了与政府合作购买的机会，但是社会组织运用资本和市场组织了人民、组织了社会，在广大群众这里，并不知道实际上是党和政府的支持。从杭州的情况来看，社会组织刚刚被引入各街道，主要提供平台运营服务，每年资助经费 30 万。看起来比广州的购买服务少，但除了这 30 万之外，每年各类公益创投基金、项目基金也有 7~8 个，每个项目资金少则 3 万，多则十几万。如 2016 年 M 社会组织服务中心就拿到了 8 个其他项目，获得总额为 70 多万的资金，主要集中在残疾人项目、致敬老兵等。这样一来，一年就有 100 多万来自政府的资金。另外还有办公地点和平台的支持，包括物业费、水电费也由政府支出。政府在积极引导社会组织，而不是购买社会组织服务后，有的不再进行督促、评估和监管。

另外，在技术引入社会治理之后，是否就一劳永逸解决了问题，也值得商榷。尤其是"消防式治理"还是"日常式治理"，社区的职责除了日常工作，还有很多应急性工作，完成得是否协调，都需要研究。根据在北京市 A 街道办和 Y 社区的调研走访，可以很明显地感到，北京地区的消防应急性管理治理频繁，这与首都的形象保持、各种运动式的活动开展较多有关，也与北京城市规模大、多元化、人口和流动人口各类事项和不同情

况特别多，需要不同的方案对待有关。广州的社区治理由于大部分事务性事件交给了家庭综合服务中心，因此日常式的治理可以比较好地延续下来。如课后辅导、亲子联盟、环境卫生、上门服务、搜集诉求等。由于并没有到广州的街道办事处和居委会去调研，目前不知道其所做的具体治理事务。

那么技术是不是有效解决组织能力的关键呢？答案显然是否定的。治理，是人们对于社会秩序的理顺和规制规范，从而保证社会有序文明。任何科学和技术都源于人的需求、人的创新，也是为了人服务。技术是治理的手段和工具，不论是互联网还是各种 APP、智慧平台、云计算、大数据等，人，才是治理的对象和核心。不能为了使用技术，而忽视人的存在、生活、交往和发展。

以前，人的生产和生活都在同一个区域内，其生产交往和生活交往是交织在一起的。公共区域及其事务以单位为单元，单位作为主体来治理。随着现代化的发展，生产区域和居住区域分离，加上妇女觉悟和权益的发展，女性更多地从家庭走向了工作岗位，以家庭为单个细胞的居住社区的事务就越来越多。生产区域的事务仍然由单位解决，但是居住空间的公共事务就成了治理的必要。党的十九大报告指出："要以提升组织力为重点""打造共建共治共享的社会治理格局"。《意见》中也指出"城乡社区是社会治理的基本单元。城乡社区治理事关党和国家大政方针贯彻落实，事关居民群众切身利益，事关城乡基层和谐稳定"。党和国家能够集中力量办大事，同样也要在基层社会治理上做好小事。而社会主义国家的优越与群众个体日常生活体验良好应该是一致的。多主体的社区治理，就要在党的领导下，依靠人民、有序组织居民群众和各类社会组织积极参与社区治理，通过多协商、好协商、善于协商，实现人人参与、人人尽力、人人共享的居民自治良性互动，实现人们对美好生活的需要。

第七章 探索：新时代首都社区治理
与基层建设

城市治理是现代国家治理的关键。中国发展到现在，城市化率已突破60%，现代的中国社会已经不是"乡土中国"，而是"城市中国"。也因此，现代国家治理最关键的就是城市治理，尤其是大城市的治理。社会治理是民心向背的源头。城市社会治理与国家治理紧密相连。作为超大城市的首都，具有与其他城市不同的特殊性，其治理难度也更大。新时代、新特点、新挑战、新要求，北京在社会治理上的新探索值得城市管理者、研究者和每个人关注。

第一节 首都社会治理的特点与治理有效的三大要素

首都北京，作为一座地域面积超过 1.6 万平方千米、常住人口与流动人口近 3000 万的超大城市，面临着城市治理的诸多挑战和问题。建设一个什么样的北京、如何建设北京，如何不断提升基层治理水平，让人民群众满意成为北京各级领导干部共同的课题。

一、首都社会治理的特点

1. 作为首都城市的功能与定位的高要求

习近平总书记视察北京时明确指出："建设和管理好首都，是国家治理体系和治理能力现代化的重要内容。"北京城市的核心功能是首都功能，建设和管理好首都是首要工作。

作为全国人民的首都，北京具有其特殊性，在城市功能定位上也不同。习近平总书记专门对北京做过 3 次重要讲话，深刻阐述了"建设一个什么样的首都，怎样建设首都"这一重大课题，为我们做好首都工作指明了方向。现任北京市委书记蔡奇强调，党的十九大进一步明确了"两个一百年"的奋斗目标落实到北京，就是要率先全面建成小康社会，努力建设好伟大社会主义祖国的首都、迈向中华民族伟大复兴的大国首都、国际一流的和谐宜居之都。牢固确立首都城市战略定位，加强"四个中心"功能建设，提高"四个服务"水平，是首都发展的全部要义，也是首都职责所在。社会主要矛盾变化在北京表现得非常明显，最突出的就是市民需求呈现便利性、宜居性、多样性、公正性和安全性的特点与当前现实发展的不足之间的矛盾。

新时代首都治理的新使命是在习近平新时代中国特色社会主义思想的指导下，把北京建设成为新时代中国特色社会主义的大国首都，建构与"四个中心"首都功能体系相适应的首都治理体系。

2. 作为世界城市的国家高标准

建设中国特色世界城市，是《北京城市总体规划》的战略部署，是新世纪中央对北京工作的要求，也是首都人民的新期盼。建设中国特色世界城市，最重要的就是提升发展质量，完善城市功能，提高群众生活水平，在世界城市体系中发挥更加重要的作用，更好地服务国家的发展。因此，城市如何提升工作质量，服务于国家发展、群众生活，是摆在广大城市治理工作者面前的一项重要任务。

联合国人类住区中心 2001 年 2 月在内罗毕发表了一个关于《城市管理》的宣言，指出："城市管理与市民的福利紧密相连；完善的城市管理必须使男男女女都能获取到城市公民的惠益；基于城市公民资格原则之上的完善的城市管理确保任何人，不论男女老幼，都不能被剥夺取得城市生活必要条件的机会，包括住房、使用权保障、安全的水、卫生、清洁的环境、保健、教育和营养、就业、公共安全和流动性。"通过完善的城市管理，使市民得到用武之地，充分发挥自己的才能，努力改善其社会和经济状况。

值得注意的是，中国特色世界城市是真正为人民谋利益的城市。城市是人为了人的需要而建造的，城市的核心主体是人。因此，发展和建设一个有利于人的一切活动，有利于人的健康成长和享受的城市运行环境，应是城市建设和治理的最高和最终目标，是首都建设和谐社会首善之区的重要内容，更是建设中国特色世界城市的内在要求。

3. 作为"都城合一"需要处理好"都"与"城"的关系

2020 年 1 月，蔡奇指出，必须胸怀中华民族伟大复兴的战略全局和世界百年未有之大变局这两个大局，并在这两个大局下谋划行事。当前，最重要的就是立足北京城市战略定位，切实履行好首都职责。要始终把握好都与城的关系，立足于都的定位来谋划城的发展，以城的更好发展来保障都的功能。实际上，为了实现功能保障，2019 年 1 月 30 日，北京市委、市政府就发布了《关于加强城市精细化管理工作的意见》，全面建构了首都超大城市运行管理的制度体系、技术体系，并指明如何运用该制度和技术体系提升城市精细化管理能力的路径。该《意见》是新时代北京市委、市政府深入贯彻习近平总书记对北京重要讲话精神，认真落实《北京城市总体规划（2016—2035 年）》，促进城市管理向城市治理转变，促进北京城市治理体系和治理能力现代化的重要举措，是指引北京市全面实现高质量精细化管理的指导性文件。

城市治理工作是使经济发展成果更多体现到改善民生上的重要领域，城市管理所提供的公共服务是民生、民利的主体内容。城市治理问题是人民群众最关心、最直接、最现实的利益问题之一，对其生活的影响明显，因而也是需要认真加以解决的问题。城市治理领域是一个重要的公共服务领域，它体现的是社会的公益性和全民性，是基本公共服务，要充分实现基本公共服务的均等化要求。

北京需要积极探索回答好"建设一个什么样的首都，怎样建设首都"的时代之问，解答好"首都治理体系和治理能力现代化"的重大时代课题，为国家治理现代化积累更多有益经验。人民群众的美好生活，是由无数日常化的小事和具体化的需求构成的，有赖于国家公共服务体系的精准对接，更有赖于基层社会治理的有效保障。

二、大城市社会治理有效性的三大要素

把城市治理好极为不易。主要因为城市治理不仅仅是治"城"，或者治"市"，也不仅仅是基于物理形态或基础设施的"城市"，实际上，城市治理主要在于"人"。城市的治理主体是人，治理客体也主要是人。城市治理好坏就在于人们对美好生活诉求的回应、支持与实现。因此，城市社会治理得好坏主要取决于以下三大因素：

1. 城市社会治理有赖于群众支持

中国特色社会主义是"以人民为中心"的伟大事业，人民是历史的缔造者和推动者。中国共产党依靠广大人民取得了革命的胜利，建立了新中国，也依靠全体人民的智慧和劳动取得了今天中国发展的辉煌成绩。城市社会治理是国家治理的重要组成部分，加强社会治理理所当然离不开人民群众的支持。干什么、谁来干、怎么干，这都需要依靠人民群众的支持和参与才能最终落实到位。尤其是在新时代，人们对美好生活的需求提升，

新情况、新挑战层出不穷，新问题、新难题接踵而来，广大党员干部如何与时俱进，如何在新时代做好党的群众工作，如何通过新科技洞察民意、汇聚民智，推动社会治理工作的开展和落实，社会治理的方方面面都与群众的支持程度息息相关。群众支持，事情就好办，治理就事半功倍；反之，事情难办，治理就会越来越难。因此，现代社会的城市治理极其有赖于群众的大力支持。

2. 城市社会治理本质上是"以小为大"

习近平总书记强调，"一切社会管理部门都是为群众服务的部门，一切社会管理工作都是为群众谋利益的工作，一切社会管理过程都是要做群众工作的过程。从这个意义上说，群众工作是社会管理的基础性、经常性、根本性工作"。治理都市的过程同样是做群众工作的过程，是在最基层的社区里做工作的过程。把小事当大事，社会治理就找到了一枚万能钥匙。

在城市里，工作场域被单位高度组织起来，运转井然有序。但生活场域中绝大多数都是陌生人，在社区里彼此不熟悉，而城市社区生活又具有高度的"公共性"特点。因此，维持居民在社区日常生活中公正、有序、和谐的秩序，实际上成了人们"幸福感、获得感"的最重要来源。日常生活中的这些"小事"就是人们美好生活向往的落脚点。对民众来说，与自己直接相关的小事最重要。办好了这些小事，就能赢得民心。

3. 城市治理有赖于对"小事"的及时回应

"民有所想、我有所谋，民有所呼、我有所应，民有所求、我有所为"。2019年春季学期中央党校（国家行政学院）中青年干部培训班在中央党校开班。中共中央总书记、国家主席、中央军委主席习近平在开班式上发表重要讲话。他强调，干部要怀着强烈的爱民、忧民、为民、惠民之心，心里要始终装着父老乡亲，想问题、作决策、办事情都要想一想是不是站在人民的立场上，是不是有助于解决群众的难题，是不是有利于增进人民福祉，不断增强人民群众的获得感、幸福感、安全感。

　　了解群众所盼，才能知道自己要怎么去干。只有了解到真正的民声，才能为执政者更好地执政打基础。我们党的宗旨是为人民服务，我们党是为人民谋利益的党；我们的政府是执政为民的政府。我们工作的出发点，是人民群众有所获得感的落脚点，都是为了民生、服务民生、为民谋利。回应机制就是做到了以人民为中心的，始终把人民摆在心中最高位置，体现在及时解决事关人民群众切身利益的每项工作，体现在真心实意为人民群众做好每一件事，体现在紧紧抓住关乎人民群众切身利益的"小事"。做到这种及时回应就可以化解各种矛盾、控制社会风险与冲突、增强社会认同与团结、实现社会良性运行。因为看似微不足道的"小事"，其实都是群众生活中实实在在的大事。只有办好群众的每件事，才能让群众有更多的获得感。

　　鉴于此，必须加强和创新社会治理，关注群众的满意和支持度，对民众的小事即时回应，做好服务工作，就必须坚持完善党委领导、政府负责、民主协商、社会协同、公众参与、法治保障、科技支撑的社会治理体系，建设人人有责、人人尽责、人人享有的社会治理共同体，确保人民安居乐业、社会安定有序，建设更高水平的首都。

第二节　北京市"12345"接诉即办
工作机制的实践探索

　　习近平总书记多次要求"城市管理应该像绣花一样精细"，对北京则提出了"推进城市管理目标、方法、模式现代化"的要求。党的十九届四中全会提出"建设人人有责、人人尽责、人人享有的社会治理共同体"。"社会治理共同体"的提出，为我国社会治理现代化建设指明了方向。

2019 年，北京进一步延展"吹哨"主体，以群众诉求为"哨"，政府职能部门向基层报到、向一线报到、向群众报到，推进"吹哨""报到"向"接诉即办"深化延伸，建立起市委统一领导，"12345"市民服务热线为主渠道，各区、街道乡镇、社区村和各部门各单位闻风而动、接诉即办的为民服务体系。3 年来，"12345"热线共受理群众反映超 3134 万件，其中诉求 1301 万件，诉求解决率从 53% 提升到 89%，满意率从 65% 提升到 92%，[①] 在"加快推进市域社会治理现代化"道路上做出有益尝试，为新时代超大型城市基层治理探索了一条新路，焕发出全新的生命力。

一、坚持党的领导和党建引领

没有党的领导的政府治理是不可能落实的。"东西南北中，党是管一切的"。党打通条块框架，可以协商解决牵涉多个部门的政府治理难题。接诉即办机制就是在党建引领方面做到位才取得如今的成绩。

当前的做法是"党建引领"机制在全市形成强有力的工作体系：一是市领导高位统筹。市委书记蔡奇每月主持召开区委书记点评会，通报全市"接诉即办"综合考评排名情况并进行点评；市委副书记、市长陈吉宁专题研究调度僵尸车等群众反映强烈的难点事项，明确主责部门，固化管理机制。二是"一把手"压实责任。全市形成"一把手"领导责任体系，为"接诉即办"提供了强有力的组织保障。各区党政"一把手"亲自领导、指挥、协调、推动"接诉即办"；各街道（乡镇）"一把手"对"12345"热线直派的群众诉求亲自督办。三是条块结合，健全体系。"接诉即办"推动"吹哨""报到"有效衔接，实现条块结合、部门联动，市、区两级政府部门和公共服务企业纳入"接诉即办"范围，十六区分中心健全机构发挥综合协调作用，各街道（乡镇）将"接诉即办"与网格化指挥平台

---

① 北京市人民政府. 牢记让人民幸福生活是"国之大者"，在解决急难愁盼问题中增强群众获得感 [N]. 北京日报。2021-12-19 (01).

融合。

各级党委、政府围绕群众诉求，将重点放在基层、把力量沉到基层、把经费用到基层，把群众反映的痛点、堵点、难点问题作为强化基层治理的"指挥棒"。尤其是在社区层面，每个社区、每个小区、每栋楼门口，将退休党员和在职党员的作用发挥到细致处，鼓励和支持"街道报到"，并且亮明党员身份，将工作做到社区、做到小区，让每个民众感受到党的作用，感受到"共产党就在我们身边"，提升党在群众中的威信和信任度、支持度，巩固党的执政基础。

二、落实执行监督考核

党的十九届四中全会提出，"健全总揽全局、协调各方的党的领导制度体系，把党的领导落实到国家治理各领域各方面各环节"。党的领导需要政府各部门协调支持，并且需要规范的监督考核。

当前北京"12345 接诉即办"主要采取"三率考评"机制，多措并举提升效能：一是"三率"考核排名通报。将"响应率""解决率""满意率"作为全市各级党委、政府的考评指标。每月对全市 333 个街道乡镇、16 个区、市级部门和公共服务企业的"三率"成绩进行排名通报。二是分类评价，督促解决。分先进类、进步类、整改类和治理类四类对全市各街道乡镇进行综合评价。完善市、区两级联合督办和联动督查机制，督促挂账问题、热点问题、重点地区问题解决到位。三是"部门+行业"联合考评。2020 年 1 月正式开始对市级部门行业问题月度"三率"进行考评，充分发挥市级行业主管部门统筹协调、业务指导的作用，推动形成"小事不出社区村、大事不出街乡镇、难事条块共同办"的工作格局。四是"七有五性"综合评价。将各区及所属街乡镇"七有""五性"相关问题的诉求量、响应量、解决量和满意度进行汇总，按照"接诉即办"考评规则计算综合得分并排名。

通过这样的落实执行，使得城市治理的工作机制实现了从部门单打独斗到党建统领协调的转变。各级党组织坚持上下贯通，区域化党建、单位党建、行业党建多方联动，推动"接诉即办"快速形成强大治理合力。通过党委领导将政治优势、组织优势转化为治理优势，将制定的目标落实执行到位。

三、实现整合资源条块联动

2019 年 1 月，北京市社会建设工作领导小组召开会议，蔡奇对回应群众诉求提出了具体要求。他指出，要将"接诉即办"继续引向深入，坚持民有所呼、我有所应，持续深化"吹哨""报到"，改革、完善"接诉即办"机制，充分发挥指挥棒作用，加强主动治理，办好群众身边事。以赋权、下沉、增效为重点深化街道改革，落实好街道管理体制改革各项任务，细化职责清单，理顺条块关系，强化综合执法。群众诉求往往涉及不同层级、不同部门的职责划分。过去，群众不知道该找谁，需要打多个电话，有时还会被"踢皮球"。现在，"12345"热线建成"一号响应"的"城市总客服"，群众只需要打一个电话，就能得到及时响应，实现"一条热线听诉求""一张单子管到底"，提升了党委、政府的整体形象。

通过调研，我们了解到北京市采取的"一号响应"机制是群众诉求全口径受理：一是整合热线资源。整合 50 多条热线，将全市 333 个街道乡镇、16 个区、市级部门和公共服务企业全部接入"12345"市民服务热线平台系统，在全市群众诉求事项上实现了全口径的数据统一。二是整合诉求渠道。建设并完善涵盖"人民网"地方领导留言板、国家政务服务投诉与建议的微信小程序、国办"互联网+"督查平台、政务微博、政务头条号的统一互联网工作平台，打造从"耳畔"到"指尖"的全方位服务热线。

在实际执行过程中，主要从以下几个方面落实到位：一是诉求直派。

自 2019 年 1 月 1 日起，将"12345"热线受理的管辖权属清晰的群众诉求直接派到街乡镇，及时"吹哨"、迅速回应，推动哨声受理办理直达现场、直求结果。二是限时办理。对于突发事故、不稳定因素以及可能造成群众生命财产损失的诉求，2 小时之内反馈情况；对于水电气热等群众基本生活保障的诉求，24 小时之内反馈情况；对于其他事项，按照事件轻重缓急，7 天之内反馈情况；对于复杂疑难诉求，15 天之内反馈情况。三是全程督办。各街乡镇随时接办群众诉求，能够自行解决的，及时就地解决；对于需要跨部门解决的复杂问题，由街乡召集相关部门现场办公、集体会诊、联合行动，共同研究解决；需要市级部门推动的，及时上报推动解决。通过条块联动实现资源整合，提升了基层治理的效能。

四、探索数据治理举一反三

"接诉即办"建立了统一的民意诉求数据库，一是"日通报、周汇总、月分析"。《市民热线反映》日报、周报、月报、专报将群众诉求直达市、区主要领导案头，分析诉求热力图、分布类型、高频事项，为领导决策提供支撑。二是"晴雨表"分析研判。建设社情民意数据库，对"12345"热线民意舆情进行动态监测、分析研判，将带有苗头性、风险性的诉求，及时向相关部门提供预警信息。三是数据治理举一反三。通过对"12345"热线民生大数据的分析运用，建设大数据分析决策子平台，依托群众诉求数据"富矿"，推动从"有一办一、举一反三"向"主动治理、未诉先办"发展。

在疫情防控期间，"12345"市民热线更是起到了及时解决问题的重要作用。聚焦疫情焦点难点，回应百姓关心关切，"12345"热线将来电诉求分类整理，梳理出共性问题，请相关部门给出权威答复，再通过网络、媒体等渠道广而告之。"12345"热线还成为群众参与疫情防控的重要平台。利用群众来电"大数据"，"12345"热线加强社情民意分析研判，为政府科学决策提供有力支撑。

很多干部反映，过去一些工作凭经验感觉，现在有了民意诉求数据，"心中有底、心中有数"，大大增强了工作的靶向性和精准性。比如，"疫情防控期间'放宽车辆限行政策''建议医院增加开药量'等市民建议由'12345'热线反馈给相关部门后，得到迅速回应，受到百姓一致好评。"而为减轻疫情对中小微企业的生产经营影响，北京市出台16条"硬核"措施，为企业注入"强心剂"。相关减免政策如何办理、企业复工需要哪些手续，"12345"服务热线功能成为企业"贴心人"。此外，面对疫情防控期间的多元诉求，"12345"热线服务边界不断扩展。如为方便外籍人士获取疫情信息，"12345"热线提供英、法、德等8种外语服务；开通"卫生健康专家咨询"专线，每天8位医学专家、4名心理专家参与咨询工作。

"接诉即办"从"闻风而动、有一办一"到"主动治理、未诉先办"，在基层治理的丰富实践中实现了递进式发展。市区联动主动巡查调研，党员干部主动上门征询，在成诉前发现问题、解决问题，将矛盾解决在基层、化解在源头。对群众诉求的高频问题、重点区域，开展专项治理，从"小切口"入手研究复杂疑难问题解决路径，推进专项改革。将群众诉求最集中的治理类街乡，纳入全市疏解整治促提升专项行动，通过一个诉求解决一类问题，通过一个案例带动一片治理。

五、治理成效显著

以上几项工作实践契合了城市社会治理的理论要素，把握了城市社会治理的规律，将"人"放在首位，从"人"出发，因此取得了一系列成效：

1. 大大提升了群众认可度

"接诉即办"工作践行了为人民谋幸福的初心，打破以往的上级考核打分机制，以对群众诉求的"响应率""解决率"和"满意率"为考评排名的重要指标，树立了群众需求第一、诉求第一、满意第一的导向，重心下沉基层、力量集中基层、经费花在基层、目光聚焦基层、服务贴近基层，实现了各级政府的工作重心从重视上级考核到重视群众诉求解决的转变，不断提升人民的满意度、获得感和幸福感。

截至 2018 年 5 月底，全市有 9175 家法人单位基层党组织，71.73 万名在职党员去自家居住的社区报到，为民服务。"12345"市民热线全年受理来电 696.36 万件，同比上升 27.51%，解决率、满意率从 53.09%、64.61%分别上升到 74.96%、87.26%，接到群众表扬电话和锦旗数量同比分别增加 100.86%、311.11%。

2020 年 7 月 28 日，由第三方评估平台、零点有数和河南省驻马店市人民政府联合主办，中国标准化研究院、CC-CMM 国际标准组织支持的"第四届全国 12345 政府服务热线年会"在驻马店市召开，会上发布了全国政务热线运行质量年度评价结果。2020 年 3 月至 6 月，零点有数、D3 方评估平台对国内 31 个省（区、市）的 345 条政务热线开展运行质量评测，测评方式包括政务热线电话情境式监测（围绕接通率、接通时长、接待礼仪、沟通规范、问题解决五个维度开展测评）、线上端体验式测评（主要关注渠道可用性、信息可得性和问题解决有效性）、热线影响力测评调研（包括知晓率、解决率、满意率、推荐率四个维度）。北京市"12345"市民热线服务中心得分 93.78，位列全国第一。此外，还获得了打赢疫情防控阻击战的"抗疫突出贡献奖"、科技引领助力复工复产的智慧"抗疫引领奖"。这充分说明了群众是否满意既是社会治理向好的结果，同时也是原因。北京市"12345 接诉即办"工作机制做到了群众满意，赢得了社会治理局面向好的成绩。

2. 有效解决了群众诉求

"群众在哪里，党的工作就要在哪里""障碍在哪里，改革创新就要在哪里""困难在哪里，党员干部就要在哪里"。人民群众的小事就是国家治理的大事，就是要把人民群众的日常小事作为大事来处理，为家家户户排忧解难。

2019 年 11 月，在北京市学习贯彻党的十九届四中全会精神中央宣讲团报告会上，北京市委书记蔡奇明确指出要"注重加强普惠性、基础性、兜底性"民生建设，紧扣"七有""五性"，创新公共服务提供方式，解决好市民群众身边的操心事、烦心事、揪心事。必须坚持和完善共建共治共享的社会治理体系。始终抓住党组织领导基层社会治理这条主线，坚持扁平化管理，做到工作重心下移、权力下放、力量下沉。深化"吹哨""报到"改革，完善"接诉即办"机制，用好市民服务热线，力戒形式主义，以市民满意为衡量标准。

通过统计来看，"12345"热线是真正解决群众的操心事、揪心事和烦心事的。2019 年，全面共接听来电 696.36 万件，比 2018 年增长 27.51%；共受理诉求 251.97 万件，同比增长 46.07%；服务市民全天 24 小时在线，平均每天接到来电 1.9 万件。来电高峰在 9 点到 11 点、下午 2 点到 4 点。派单占比的情况为：区级部门 37.4%，街乡镇 36.9%，市级部门 17.6%，公共服务企业 8.1%，总体来说，区和街乡镇占大部分。每月来电总体呈上升趋势。这么庞大数量的问题主要在于解决哪些事件呢？主要是物业管理与服务。交通管理，垃圾处理，煤改电、环境卫生与保护，水电服务等居民生活中的"小事"。在解答咨询比例中最高的是卫生健康类，占 81.76%。在办理诉求上比例最高的是物业管理类，占到了 71.83%。

除了热线电话，还有微信公众号。公众号每周都有新消息，可以看到栏目设置有接诉即办、今日咨询热点、社情民意播报（截止到 8 月 10 日已经到 1292 期）、北京疾控播报、天气提醒固定栏目，以及其他跟民众息息相关的各类生活小事的政策、程序等，让民众了解办事流程和信息等。"接诉即办"不仅仅是电话传递的"哨声"，更是北京市作为特大城市实现科学化、精细化、智能化治理的重要渠道。

3. 深刻转变了干部作风

"接诉即办"通过"三率"考核排名调动了各级党员干部的工作积极性，树立"眼睛向下""脚步向前"的鲜明导向，推进了各级党员干部的作风转变。一是"眼睛向下"聚焦群众诉求。"三率"考评、党委主责的"指挥棒"效应，引领各级党委和政府紧盯群众诉求，解决实际问题。"12345"热线一键连通街乡，区里工作直接抓到社区（村），树立了大抓基层的工作导向。二是"脚步向前"解决群众诉求。发动更多党员干部直奔问题一线、走到群众身边，带动了更多部门和社会组织共同向前一步，合力解决民生难题。有一批多年沉积的历史难题，在"接诉即办"工作中被党员干部以"啃硬骨头"的精神干劲儿推动解决。

大量群众身边事解决后，也留下不少共性的、疑难的"硬骨头"。集中力量推动问题解决，开启了"每月一题"机制，这是推动"接诉即办"向"主动治理、未诉先办"深化。可以说，"接诉即办"是走好新时代群众路线的生动实践，真正将群众诉求直接转化为"哨声"。群众吹响最关心最直接最现实的需求"哨"，政府职能部门马上向基层报到、向一线报到、向群众报到，形成解决问题的合力。实践证明，"接诉即办"以人民为中心，以群众诉求为哨声，从群众日常评价的点点滴滴里，在不知不觉间，改变了党群干群关系，改变了党风政风，赢得了群众对党和干部的信任。"接诉即办"赋予"12345"这个老品牌新的时代内涵，形成了新的群众工作机制，倾听群众所思所想、所急所盼，使城市治理真正得到群众认可、让群众满意。

让人民生活幸福是"国之大者"。北京市在借助"12345"热线使"接诉即办"工作不断完善的过程中，紧扣党的十九届四中全会提出的"推动社会治理和服务重心向基层下移，把更多资源下沉到基层，更好提供精准化、精细化服务"理念，在回应民众诉求和解决问题的同时，成为推动首都超大城市基层治理体系和治理能力现代化的"关键一招"；在推动区政府、市直部门、国有企业等直接回应市民诉求的同时，推动基于市民诉求大数据的行业与区域治理体系和治理能力现代化，不断完善超大城市基层治理制度。

第三节　当前存在的困境与改进的对策建议

通过"12345"热线，一大批基层群众的操心事、烦心事、揪心事得到妥善解决，这座超大型城市的民生面貌持续改善，"全社会动员"的社会治理新局面正在形成。同时，从长远来看，也存在不少问题。市民是城市建设、城市发展的主体，只有让全体市民共同参与，把市民和政府的关系从"你和我"变成"我们"，从"要我做"变为"一起做"，才能真正实现城市共治共管、共建共享。

一、当前模式存在的困境

1. 不利于城市治理的成本算账

随着对美好生活要求的提高，人民对政府管理职能也提出了更高要求。但因为政府部门具有公共性、公益性，不存在盈利，不计投入，只算政治账，不计经济账，导致社会管理成本、行政成本总量偏高、过高，若最终不堪重负，那时无法满足民众各类需求，就会逐渐导致群众对政府的"信任危机"。城市治理成本有显性成本和隐性成本之分，显性成本就是解决具体问题的具体费用，隐性成本则包括了在事件协调上花费的人力、物力、时间以及沉没成本，还有"只有花钱才能办事""花大钱办小事"的潜在陷阱。

武汉大学基层治理研究学者吕德文教授撰文指出，近些年来，基层治理日益凸显出一大问题就是所谓"花钱办事"陷阱：即上级部门每每布置一个工作任务，首先想到的是向财政部门要一笔经费以保障工作的推进；基层落实任务，首先想到的也是要想尽办法筹集资金。简单而言，在基层治理过程中，似乎没钱就不能做事。很多过去习惯于不用花钱的事，也成了必须花钱才能办。基层治理成本越来越高，并且还有不断发展的趋势。作为首都的北京，治理范围和事项远远超过其他城市，各种国家层次的大事在北京举办，本身就需要强有力的财政支撑，加上人口密度大，民众需求多元化，与居民生活相关的各类小事也就更多，需要考虑各个群体的美好生活和便利，治理成本越来越高。

2. 助长了部分群众的等靠要思想

近些年来，基层治理出现了一个值得探讨的倾向，就是不断强调政府的责任，简单地将基层事务纳入政务范围，并通过网格化管理、市长热线等技术平台，迫使基层"接诉即办"。结果，基层政府的治理能力是提升了，但公共治理水平往往降低了。群众哪怕有一丁点儿"小事"，首先考虑到的不是自我解决，或通过自治组织自我管理，而是要求基层政府处理，这导致了一些民众懒散的作风。

由于基层事务大多是细小琐碎、难以定性的事务，大多数"小事"源自人们的生活习惯、社会关系失调，这也就意味着政府无论怎么解决"小事"，"小事"都会源源不断地产生出来。私事和公事的界限不清晰，比如有的把基层及工作人员当成了家政人员甚至当成了自家保姆。"一呼就应"，也助长了一些不自觉民众的等靠要思想。曾有民众家里没有电梯需要桶装水而打热线要求社区工作人员扛着桶装水上门；还有老人子女不在身边，想下楼散步，让基层工作人员背着上下楼，否则就打投诉电话，让基层部门的考核受到极大的压力。这些苗头不断出现，基层治理在等靠要的循环中弱化了治理能力。

长此以往，让自觉参与的高素质群众看到那些自己不努力也能解决问题的现象，会产生不快和效仿，当然这也是对守法公民的不公平，从而影响社会公平。

3. 未来发展的长效性支撑

建立长效机制是关键，但长效机制不是一劳永逸、一成不变的，它必须随着时间、条件的变化而不断丰富、发展和完善。理解长效机制，要从"长效""机制"两个关键词上来把握。机制是使制度能够正常运行并发挥预期功能的配套制度。它有两个基本条件：一是要有比较规范、稳定、配套的制度体系；二是要有推动制度正常运行的"动力源"，即要有出于自身利益而积极推动和监督制度运行的组织和个体。当前，市、区、街乡、社区，两级政府、三级管理、四级网络，权利与义务不对等，财权与事权不相称现象严重。越往基层，工作任务越繁杂，工作量越大。如在街道层面，街道办事处承担了大量专业部门工作。社区居委会仍然没有摆脱政府的"腿儿"的状态，大量摊派的行政任务严重挤占了居委会自治功能的发挥。另外，权随责走、费随事转的工作机制还未健全。因此，"接诉即办"工作机制的长效"动力源"在哪里，是当前需要考虑的问题。

二、进一步完善的对策建议

基层社区治理的核心是群众工作。一旦群众的思想通了、人心齐了、组织好了，基层治理便会事半功倍，反之则会事倍功半。这一点不改变，基层治理便会一直受制于时间紧、任务重，基层治理的成本当然也就会不断提升。因此，未来"12345接诉即办"模式需要进一步改进。

1. 优化制度设计

"接诉即办"运行一年半以来，各级各部门创新工作方式方法，因地制宜破解难题，创造具有区域、行业特点的治理经验，特别是疫情防控期间，探索建立了一批具有首都特点的应急处置机制，成为首都社会治理的宝贵财富，下一步要系统总结自身经验，将基本制度固化下来，稳固"接诉即办"工作的基本盘，系统梳理汇总，形成制度体系。只有把最基本的制度建立起来才能够更好地推进各项工作。

深入挖掘"12345"民情富矿，以"接诉即办"高频热点或行业共性诉求为牵引，从"小切口"入手研究复杂疑难问题解决路径，聚焦小区停车难、商品房与政策房隔离拆除矛盾、预付消费问题、老旧小区物业管理职责划分等小切口，研究推出一批管用高效、科学合理的改革举措，以点带面实现通过一个诉求解决一类问题，通过一个案例带动一片治理。适时通过"12345"热线日报、专刊向全市推广。

2. 树立正确导向

对不合理、不合法诉求不予支持。为人民服务，但不能为不合理、不合法的诉求服务，不要花钱买问题的解决，这个态度一定要鲜明，坚决不能助长不良风气。工作中，应对不合理、不合法诉求专门制定剔除事项标准，明确具体事项剔除的要求；对涉及小产权房等难点诉求，明确哪些诉求应该办、哪些不应该办；梳理不合理、不合法诉求清单，提前告知相关单位，明确相关诉求不纳入考核，但需要进一步做好群众工作。此外，对于威胁、扬言以及给政府施压的电话也明确一律不予支持。

对分数计算上斤斤计较不鼓励。不鼓励基层考核单位过度关注挂账剔除，还是应该把精力用在解决合理合法诉求上。特别是有些介于合理与不合理、合法与不合法之间的诉求，既有不办的理由，却又不满足剔除标准，建议还是积极想办法，不要耍小聪明。进一步提高政治敏锐性，坚决杜绝弄虚作假的歪风，不能有丝毫侥幸心理，各级要对群众诉求反映的不作为、慢作为、乱作为、推诿扯皮、弄虚作假和形式主义、官僚主义甚至违纪违法等问题，严肃执纪执法并追责问责。

3. 动员群众自治

北京基层治理取得明显成效，"12345 接诉即办"工作实践运转良好，社会治理取得实质性进展，最重要的标志就是将该做法上升为条例。2021年9月24日《北京市接诉即办工作条例》（以下简称《条例》）由北京市第十五届人民代表大会常务委员会第三十三次会议通过实施。《条例》强调了北京市建立"接诉即办"制度，就是要及时回应人民群众急难愁盼问题，为公众参与社会治理和公共政策制定提供信息渠道和有效途径。该《条例》坚持以人民为中心的发展思想，遵循党建引领、改革创新、重心下移、条块联动的原则，建立党委领导、政府负责、民主协商、社会协同、公众参与、法治保障、科技支撑的"接诉即办"工作体系，推动形成共建共治共享的社会治理格局。

北京基层治理虽成效显著，但是总体上看，仍然是传统自上而下的管理模式，其功能和作用主要取决于街乡政府和社区领导的能力和艰辛的付出，社会公众参与的积极性有待提高。《北京市物业管理条例》就是很好的组织群众自治的例子。该《条例》自2020年5月1日正式实施以来，成效显著。"12345"热线中物业服务是市民投诉较多的一项。经过统计，从5月1日到8月10日短短3个月时间里，北京"12345"热线共受理《条例》相关反映7600余件。基于北京市有专业化物业管理的小区5000多个，截至2020年年底成立业主大会的只有1300个左右，北京市通过张贴公开信、推荐自荐、公示等程序，鼓励居民依法建立物管会作为临时机构，依法组织业主共同决定物业管理事项。截至2020年7月31日，北京市已有124个街乡镇累计成立767个物管会。按照规划，2020年年底前北京市新成立业委会（物管会）2000个以上，到2022年"三率"均达到90%以上。

未来需要进一步从政府单一主体管理拓展到多元主体参与治理的转变。党的十九大报告明确提出，打造共建共治共享的社会治理格局，要求完善党委领导、政府负责、社会协同、公众参与、法治保障的社会治理体制。不仅仅将群众诉求传递到政府部门，而且通过问题导向将政府管理的单打独斗发展为包括群众自治在内的多元治理主体参与的重要工作机制。抓好生活垃圾管理条例和物业管理条例落地实施。积极培育社会组织特别是社区服务类社会组织，完善志愿服务制度，发挥好社区工作者作用。

要继续深化党建引领，构建社区治理体系。提高小区业委会组建率、物业管理覆盖率、党的组织和工作覆盖率，发挥好"小巷总理"作用，调动辖区单位资源，积极发挥人大代表、政协委员参政议政的作用，实现多方参与、共建共治。大力鼓励和支持群众自治，将群众组织动员起来，组成各种互帮组织、互助组织、协调组织、恳谈会、协商民主会，等等，畅通群众利益表达，让群众自己组织起来，共同协商解决问题，这是长效机制的"动力源"，同时也是社会主义国家治理的康庄大道。

作为最具代表性的超大型城市之一、作为都城合一的首都，北京有责任也有义务为探索更有效的城市治理模式贡献更多"北京经验"，拿出更多"北京方案"。"接诉即办"工作机制以全新的成果带来了民众的获得感、幸福感和安全感，同时也昭示着城市让生活更美好。

第四节　老旧小区有机更新探索的难题①

城乡接合部老旧小区有机更新是推进城镇化建设，提升城市形象和城市品质，增强群众获得感的重要举措。本项目以北京市海淀区 D 街道为例，深入分析辖区老旧小区现状及问题，充分发掘地区优势特点，在坚持党组织的领导下，引导和发挥社会组织和辖区科技创新企业的力量，以点带面，分步实施，完善地区城市功能织补，逐步实现地区老旧小区有机更新，探索"共商共建共治共享"的社区治理新模式。

---

① 第四节与后续的第五节是作者作为献策指导老师，指导与作为骨干参与的课题。2020 年被评为北京市第六届"我为改革献一策"优秀项目。

一、老旧小区有机更新的背景及现状

中国共产党第十九届五中全会提出了"十四五"时期经济社会发展主要目标，其中包括社会治理特别是基层治理水平明显提高。以老旧小区改造为切入点，探索社区治理新模式，对于构建基层社会治理新格局、推动社会治理重心向基层下移、推进市域社会治理现代化、完善共建共治共享的社会治理制度、实现"十四五"目标有着重要意义。

1. 党中央、国务院高度重视城镇老旧小区改造工作

习近平总书记多次强调，要加强城市的更新及存量住房的改造提升，做好城镇老旧小区改造。李克强总理多次主持召开国务院常务会议，部署推进城镇老旧小区改造工作。2020 年政府工作报告对推进城镇老旧小区改造提出了明确的工作要求，2020 年 7 月 20 日国务院办公厅发布了《国务院办公厅关于全面推进城镇老旧小区改造工作的指导意见》（国办发〔2020〕23 号），强调以老旧小区改造为切入点，完善城市人居环境质量，提升城市公共服务水平，解决城市发展不平衡、不充分的问题，并结合老旧小区改造，构建基层社会治理新格局。全面推进城镇老旧小区改造是深入贯彻落实以人民为中心发展思想的具体行动，对满足人民群众美好生活需要，推动惠民生、扩内需，推进城市更新改造和建设方式转型，构建新型城市形态，促进经济高质量发展、打造高品质城市具有重要意义。推进北京市老旧小区综合整治，改善人居环境和居住条件，有利于提升城市形象、增强群众获得感，是建设国际一流和谐宜居之都的重要任务。

2. 北京重视和落实党中央重要部署

北京市委、市政府积极落实党中央关于老旧小区改造相关工作的重要部署。2012 年至 2020 年，北京市先后完成了四轮老旧小区综合整治工作，

出台相关政策方案八件①，旨在把老旧小区打造成居住舒适、生活便利、整洁有序、环境优美、邻里和谐、守望相助的美丽家园，让人民群众生活得更方便、更舒心、更美好。按照市委、市政府统一部署，海淀区结合实际情况开展了老旧小区抗震节能环境综合整治工作，依据海淀区老旧小区特点和新时期市民对美好生活的向往，结合"疏解整治促提升"专项行动，坚持以人为本、统筹兼顾，补短板、强功能、综合治理，全面改善老旧小区居住环境和居住质量，逐步健全物业管理制度，着力营造和谐宜居的人文环境，为建设全国科技创新中心核心区创造良好的条件。

自 2012 年开始推进老旧小区综合整治工作以来，北京市老旧小区改造由早期实施以抗震节能为主、环境治理为辅，注重基础类的整治逐渐发展为探索建立健全政府主导、居民自治、社会力量协同的老旧小区治理体系与老旧小区长效管理工作机制和模式，逐步实现老旧小区可持续化的有机更新。在有机更新探索过程中，各区纷纷响应人民关切，探索符合各区特点的老旧小区更新模式，朝阳区积累了"劲松模式"，大兴区推出"大兴模式"，石景山区探索出"鲁谷模式"。海淀区充分发挥海淀创新资源、创新要素密集的优势，探索建立由政府、企业、高校、科研机构、社会组织和居民共同参与的老旧小区创新治理模式。

3. 社区老旧小区地域特征

随着北京市城镇化进程的不断推进，城乡布局发生巨大变化，中心城边界不断向外扩展，城乡接合部的人口构成、产业结构和组织形式日趋多

---

① 《关于印发〈北京市老旧小区综合整治工作实施意见〉的通知》（京政发〔2012〕3号）、《老旧小区综合整治工作方案（2018—2020 年）》（京政办发〔2018〕6号）、《关于加快推进老旧小区综合整治规划建设试点工作的指导意见》（市规划国土发〔2018〕34号）、《关于建立我市实施综合改造老旧小区物业管理长效机制的指导意见》（京建发〔2018〕255号）、《关于加强老旧小区综合整治工程管理的意见》（京建发〔2018〕298号）、《北京市质监局关于做好既有住宅增设电梯有关工作的通知》（京质监发〔2018〕2号）、《北京市老旧小区综合整治工作手册》（京建发〔2020〕100号）、《2020 年老旧小区综合整治工作方案》（京建发〔2020〕103号）。

元化。城乡接合部的基层社区在社区治理、生产服务、资源分配等方面存在众多问题，日益成为基层治理的薄弱环节，推动城乡接合部老旧小区改造更新尤为迫切与重要。

D 街道作为城乡二元结构体制下的典型街道，区域特征显著。一方面，D 街道作为海淀分区规划 D 区的"发展极"，属于高科技产业经济聚集区，是海淀区创新创业最活跃、科技经济最重要的地区之一，是服务承载创新型国家战略、科技北京功能定位和中关村科学城产业创新发展的重要区域。另一方面，D 街道土地权属关系复杂，城乡人口混居，流动人口多，行政管理难以到位。辖区内商品房小区数量较少，老旧小区较多，回迁房小区、混合管理小区多，推进社区综合治理工作困难重重。因此，在城乡二元结构体制下推进老旧小区有机更新、探索基层社区治理新模式是我们亟待破解的难题与挑战。本文以 D 街道老旧小区有机更新实践入手，分析城乡接合部社区治理存在的问题，提出相应的对策建议，探讨城乡接合部社区治理的新模式。

二、街道老旧小区有机更新的问题及制约因素

D 街道辖区面积 9.52 平方千米，下辖 12 个社区，其中商品房社区 2 个、单位大院社区 2 个、农民回迁房社区 1 个、老旧社区 2 个、回迁房和商品房混合社区 3 个、民族聚居社区 1 个、商品房+园区型社区 1 个。街道老旧社区普遍存在一些共性问题，课题组以街道辖区内较为典型的 M 社区、N 社区等为调研对象，通过实地考察、访谈、发放问卷等形式对社区现状及造成困境的原因进行探索。

1. 老旧小区有机更新存在的问题及原因

M 社区建于 20 世纪 70 年代，占地面积 0.355 平方千米，共有 13 栋楼，居民 956 户。M 社区位于上地西路与马连洼北路两条街道主干道的交叉路口，交通极为便利，东侧与金隅嘉华大厦、四方等企业大厦相邻，南

侧有上地实验学校、上地公园等教育、休闲场所，北侧与西侧为北大科技园拆迁区域，外部生活设施基本齐全，主要资源紧张及社区矛盾来自小区内部。

N 社区由上地佳园小区，南路 6 号、8 号、10 号、14 号院五个院落构成，本次调研的主要对象包括南路 6 号和 8 号院。其中 6 号院共 3 栋楼，居民 231 户，其中一部分为国有企业员工宿舍转为商品房，小区公共资源以及基础设施在合理规划改造的前提下可以得到改善，但历史遗留的物业管理标准成为阻碍；南路 8 号院共 2 栋楼，居民 272 户，其中大部分属于国有资产，下派物业公司统一管理，并以低于周围市场价格的标准出租给地区企业员工，整体人员流动性较小，小区公共区域面积不足、资源紧张为主要问题成因。

（1）停车难

老旧社区设计之初预留车位空间不足，车位紧缺，停车难成为首要问题。在 520 份问卷调查中，认为停车难是目前所居住的小区存在的突出问题之一的占到了 61.54%。目前 M 小区车位属于公共开放资源，未收取车位租赁费用及停车管理费用，物业方未对车位进行"固定"或"分时"的划分，也无法有效约束外来车辆出入小区，这就导致了小区居民"花式"占用车位的情况，如用板凳、轮胎、婴儿车、自行车等物品锁地占用车位，甚至采取人盯战术，这不仅使车位不能有效流通，降低了使用效率，也容易出现居民之间的矛盾。同时"私占车位"的行为也与《物权法》规定的"共有道路停放汽车的车位属业主共有"相违背。此外，占用小区主干道路、楼门前空地、消防通道的现象也时有发生，致使道路通行能力和防灾能力下降，严重影响救护、消防、抢险车辆的进出，存在安全隐患。据了解，目前 M 小区已施划车位 220 个，系统登记车辆 336 辆，通过居委会人员摸排，夜间汽车停泊量在 240 辆左右。日间停泊量为 200 辆左右。从数据上看，小区车辆的日间使用效率并不高，这也与车位使用紧张有一定关联。而南路 8 号院限于小区地块小、资源紧张，停车位与小区住户的配比率不足 1/3，物业经理戏称"下班高峰期连苍蝇都飞不进来"，车位紧张程度可见一斑。

（2）环境差

由于老旧小区建成时间较早，初期规划未考虑后续车辆增多、人口密度过大等发展问题，造成近年来小区内空间日趋紧密、可用公共空间不断减少，不仅无法满足现有家庭车辆保有量上升带来的停车需求，也难以满足居民对于小区环境以及休闲娱乐场所的更高期待。在 520 份问卷调查中，针对目前所居住的小区存在的突出问题一题，选择环境差的占到了26.73%，认为活动空间缺乏的占到了 50.38%。

目前 M 小区的绿化面积仅有 2756 平方米，仅占小区整体占地面积的10%，远不足国家规定的旧小区不低于 25% 的标准。同时绿化设计布置也不合理，无绿化灌溉用水，部分居民改建社区内公共绿地种植自己喜欢的植物。由于没有针对小区实际种植空间及植物品种的专业指导，街道近年来几次资金投入并未带来明显的绿化提升效果。环境整洁方面，社区内缺乏有效的物业管理，垃圾清洁及社区内公共设施也存在维护不及时、不到位现象。

此外，随着社区居民构成日趋老龄化，高龄居民活动范围受限，他们成为倚赖社区生活的主要群体，缺少休闲场所成为难题。虽然通过社区居委会及街道协调，在小区内争取到一定的室外活动场地，但由于天气因素的影响及距离原因，室外场地利用有效性较低。

（3）设施老

由于建成年代较长，很多老旧小区都存在基础设施（暖气主管管道、电路、自来水水管、外部墙皮等）老化的问题，在 520 份问卷调查里，在目前所居住的小区存在的突出问题一题中，选择设施老的占到了 53.65%。M 小区物业属于兜底性物业，服务水平低，原本就严重的房屋维修问题无法得到及时有效解决，遇到突发水电事故，居民只能自己联络维修机构上门。南路 8 号院、6 号院的物业管理水平相对较好，但由于小区初期建成时房屋结构规划不好、物料标准参差不齐、排水管道走线不合理，一旦出现问题，排查源头的工程量和难度巨大，补救一个针孔大的出水点可能要翻动整户房子的地面。

此外，M 小区住户中老年人占比较大，加装电梯成为改进基础设施建设中最为急迫的问题。在问卷调查结果中，23.65% 的人在小区存在的问题中选择"其他"，其中绝大多数将具体问题聚焦在缺少电梯方面。课题组通过实地访谈了解到，很多从 20 世纪 70 年代在小区建立之初就生活在这里的居民已经迈入高龄，这些 70 岁至 90 岁的老人仍在高楼层居住，步行上下楼成为很大负担。

2. 制约老旧小区有机更新的因素

（1）历史遗留问题：产权复杂衍生出的物业管理及居民自治问题

M 社区在建设之初原是北京市建筑五金厂家属宿舍。居民原为北京新轻物业管理有限责任公司、北京陶瓷厂、北京拉链厂、工商银行等单位的干部职工、家属、离退休干部。随着市场经济的发展，原有的格局已经打破，买卖房屋频繁，1 号院从原来的单位型社区已逐步演变成混合型社区。

2018 年，该类社区的物业由国资委统一接管，分配运营，国家按照 0.8 元/m² 的标准对物业进行补贴，低成本运营造成了物业管理不健全、服务人员缺失的局面。目前 1 号院小区物业服务人员包括客服人员 2 名、兼职保洁人员 1 名、保安 3 名、维修人员 6 名（服务 4 个街镇）。这样的人员数量以及工作范围无法为小区居民提供有力、有效和及时的服务保障。此外，产权结构的复杂性也造成了小区居民独立产权房占比不足的问题，为后续成立小区业主委员会、实现居民自治造成了一定阻碍。

（2）"惯性"心理问题：不习惯"花钱买服务"，不愿为公共服务"买单"

面对老旧小区人员结构复杂、建筑时间早、基础设施老化、停车难、治安设施缺失、环境卫生差等诸多问题，无论从物业管理还是停车管理，都需要一定的经济成本来解决。目前 M 社区人员呈现出"三多一少"的特点：退休工人多、老年人多、租住人员多、退休老人经济收入少，许多社区住户习惯于免费的"兜底物业"，不愿为管理服务付费，由"从来不花钱"逐步过渡到"花钱买服务"难以接受。南路 6 号院的问题也集中在住户不愿为公共服务"买单"，很多电路、管道老化等设施的维修和更换串联到上下整个楼层，整体维修才能解决根本问题，但很多住户有着"事不关己高高挂起"的心理，只要问题没暴露在自家，很难愿意出资平摊费用，难以达成一致意见，这也使得整个小区基础设施的更新推进极为艰难。

（3）年代限制问题：原始社区结构及服务设施提升困难

老旧小区建造历史一般都在二三十年以上，初期的规划以及社区结构无法随着居住群体的年龄和生活习惯进行变更，目前居民对于绿化面积、休闲服务场所、电梯加装以及停车管理的需求都对公共空间有一定要求，原本有限的社区空间结构要同时解决以上几类问题存在客观制约因素。此外，之前的管线排布方式、电力系统设置也为老旧小区提升改造带来阻碍，对于电力系统的整体改造也是很大的考验。

（4）政策实施问题：实现路径不顺畅

课题组在对 N 社区的走访中还了解到一点，房屋维修基金可用于房屋保修期满后房屋主体结构、公共部位和公共设施设备的大中修以及更新改造工程，但由于 2007 年的《住宅专项维修资金管理办法》规定，若要支出维修基金，需遵循"双 2/3 特别多数原则"，即占建筑物总面积 2/3 以上的业主且占总人数 2/3 以上的业主讨论通过使用建议。同时还要经过多部门备案审核、专业人员进行申请鉴定、预决算审计等九大事项，由于程序烦琐，所以维修基金的整体利用率不高。另外，由于老旧小区的成交年代久远，当时的房价与现在存在很大差异，维修基金的缴纳标准在今天远远不足以解决已经出现的很多问题。

三、老旧小区突出问题分析

2020 年 4 月，北京市住建委等七部门联合印发的《2020 年老旧小区综合整治工作方案》（京建发〔2020〕103 号），将老旧小区综合整治范围由 1998 年前建成调整为 2000 年前建成小区，但 2000 年后建成小区也不同程度地存在影响居民日常生活的基础设施问题，改造更新需求同样迫切。

1. 问题由来：高区供水变黄影响居民生活

以 D 街道 B 小区为例，该小区建于 2002 年，小区建筑物内及楼前使用的供水管道为冷镀锌钢管，经过近 18 年的使用，锈蚀老化情况严重。正常供水时，铁锈层相对稳定，遇到停水或水压剧烈变化时，管道内壁的铁锈层就会脱落，导致水中出现黄或红色沉淀物，水质发黄或发红、变浑浊等情况。小区内涉及高区二次供水的共有 16 栋住宅楼、151 户居民，但整个小区只有 1 个高区供水泵房，供水泵房至用户之间的管线老化锈蚀是高区住户水质变黄的关键诱因。

早在 2014 年，社区已收到 B 小区高层住户反映家中自来水发黄问题，当时由小区业主委员会协同物业公司将小区二次供水 1/4 的主管线更换为镀锌材质的供水管，解决了当时部分业主反映的水黄问题。但此措施只能治其一时，到 2020 年，小区不少用户不断反映家中自来水长期处于浑浊、黄色状态，社区居委会与物业也多次入户查看，发现问题集中在小区一期楼宇约 42 户居民，有些住户家中自来水极度黄浊，根本无法正常使用，严重影响了居民日常生活。2020 年 3 月至今，小区居民多次拨打"12345"热线投诉该问题。

2. 解决难点：管道改造权责不明、推进困难

由于 B 小区内 3/4 的高区供水主管线和全部高区分支管线在开发施工建楼时采取直埋式管道铺设，没有设计管沟，无法随时检测维修。如欲彻

底解决，需要专业公司进行全面检修查看，判断是否需要对整体管道进行更换维修。小区物业曾多次向分管小区的自来水相关站点反映上述情况，请求其帮助排查管线问题，出具维修方案，恢复供水正常使用，但相关维修人员以 1995 年出台的相关规章为由拒绝配合。按照自来水公司所述，其职责只包含小区外至高区供水泵房一段管线，供水泵房至用户之间的管线超出自来水公司负责范围。目前小区内该段管线实际处于无人负责状态，权责不明导致管线改造工作无法顺利推进。

D 街道高度重视居民用水问题，努力解决民之所急，通过多方组织沟通，经过社区党建协调委员会充分协商，由街道划拨党组织服务群众专项经费 4 万元对小区供水管线进行部分改造，将高区水管接到了低区水管上，由低区向高区供水。改造水管材质采用 PPV 管线，不产生铁锈等有害物质，在一定时期内改善了部分高区住户供水水质变黄问题。但此次项目改造范围不全，改善效果有限，后续还会出现水压变小等其他问题，对小区锈蚀管线进行整体改造才是彻底解决居民用水问题的唯一出路。

3. 破题关键：法律条例与部门规章效力之争

按照北京市房地局 1995 年印发的《北京市居住小区物业管理企业与各专业管理部门职责分工的规定》（京政管字〔1995〕78 号）（以下简称《规定》）第六条，"居住小区内供水设施管理职责所述规定，高层楼以楼内供水泵房总计费水表为界，多层楼以楼外自来水表井为界。界限以外（含计费水表）的供水管线及设备，由供水部门负责维护、管理；界限以内（含水表井）至用户的供水管线及设备由物业管理企业负责维护、管理。"而在 2020 年 5 月 1 日实施的《北京市物业管理条例》（以下简称《条例》）第 87 条第二款明确指出："已入住项目，物业管理区域内业主专有部分以外的水、电、气、热以及通信等专业设施设备发生故障，不能正常使用的，物业服务人员应当立即报告相关专业运营单位；专业运营单位应当及时采取措施，排除故障。"按照新《条例》的规定，公共区域内的供水管线设施应属于专业运营单位，即自来水公司权责范围内进行维护与管理。《条例》是由北京市人大常委会通过并颁布的地方性法律法规，而原北京市房地局在 1995 年发布的《规定》属于部门性的规章制度。从法律效力的层级分析，《条例》应高于原北京市房地局制定的部门规章。当两者内容出现冲突时，应遵循更高一级法规。但由于《条例》目前尚未出台细则分工，故自来水公司与物业管理公司在高区供水管线责任主体之间的争议目前尚无法得出确定的结论，而供水管道维护改造的主责部门不明无疑是目前该问题推进困难的关键掣肘因素。

2019 年，B 小区低区供水管线已由自来水公司完成改造工作，资金来源为老旧小区专项经费；高区供水泵房由 D 街道与小区维修经费共同出资约 60 万元进行更新，也已完成改造。经过自来水公司初步测算，高区泵房至住户之间管线整体改造工作需经费约 300 万元，而自来水公司、D 街道、小区物业等几方均无法承担该笔专项改造费用。为了推动该问题尽快解决，需要市委、市政府根据《北京市物业管理条例》进一步细化区分物业管理公司与专业运营单位在小区基础设施维护中的职责与分工，明确自来水公司作为供水管线改造的主体责任，明确该项改造工作经费出资来源部门及拨付使用政策，下一步也可推动全市老旧小区高区供水管线改造工作有策可依。

自来水质量问题直接关系民生民计，且与百姓的健康息息相关。经过了解，市政供水"水黄"问题多涉及建于 2000 年前的老旧小区住宅楼。课题组在调研过程中发现，自来水水质变黄的问题并非在 B 小区或是 D 街道出现的偶然现象，在海淀区乃至全北京市的许多老旧小区均普遍存在。坚持"一个中心"，就是要坚持以人民的需求为导向，围绕群众生活关系密切的民生小事下大力气，切实改善百姓生活品质。

第五节 老旧小区探索社区治理的新模式及对策

D街道从地区老旧小区有机更新出发,一方面,对基层社区治理新模式进行探索总结,初步形成"123工作法";另一方面,针对非典型老旧小区中的突出民生问题给予重点关注,梳理问题由来,解决环节的掣肘之处,为市委、市政府下一步政策制定与民生工作开展提供一定的依据与参考。

一、一个中心,一切为了人民

结合D街道实际情况及区域特点,课题组探索形成基层社区治理新模式——"123工作法"。1是指一个中心,就是以人民为中心;2是两点准则,坚持党建引领、坚持问题导向;3是三方协同,政府协同主导、社区居民协同自治、科技协同助力。"123工作法"既体现了D街道的独特优势,也为全市其他地区基层社区治理提供可行性参考经验。

党的十九届四中全会通过的《中共中央关于坚持和完善中国特色社会主义制度推进国家治理体系和治理能力现代化若干重大问题的决定》明确指出:"推动社会治理和服务重心向基层下移,把更多资源下沉到基层,更好提供精准化、精细化服务。"社区作为社会的基本单元,是体现国家治理体系和治理能力现代化水平的基础,必须坚持以人民为中心的发展思想,把不断提升居民的获得感、幸福感、安全感作为老旧小区有机更新、推动社区治理的最终目的。

2020年7月,习近平总书记在吉林考察时指出,"一个国家治理体系和治理能力的现代化水平很大程度上体现在基层"。基础不牢,地动山摇。同时,总书记强调:"社区工作是一门学问,要积极探索创新,通过多种形式延伸管理链条，提高服务水平，让千家万户切身感受到党和政府的温暖"。以人民为中心的社区治理，在途径上要充分调动居民参与社区治理和公共决策的积极性、主动性，形成居民社区生活共同体的集体意识，促进和谐稳定。在目标上，老旧小区的有机更新和治理创新的目的是满足居民对美好生活的需要，让社区居民更多、更好、更公平地享受到社区治理发展的成果。

二、两点准则，党建引领问题导向

1. 坚持党的领导，加强党组织战斗堡垒作用

党的领导是推进国家社会治理体系和治理能力现代化的根本保证，要充分发挥基层党组织作用，推动党的领导落实到基层社会治理。街道党工委作为城市基层党建的枢纽，应当充分发挥其统筹协调、推动执行方面的重要作用，指导社区做好基层党建工作，强化基层党建阵地，激发基层党建活力。在520份调查问卷中，党员比例占到了54.81%，为基层党建推动社区治理工作开展提供了坚实的人员基础。社区党委、党员先锋与积极分子要主动作为，积极响应居民诉求，通过多种形式汇聚民意民智，引导社区自治组织及居民在推动提升社区议事能力和生活水平方面形成合力。

2. 坚持问题导向，把居民的需求作为工作的有力抓手

由于老旧小区建成之初，家庭汽车保有量较低，初期规划停车位较少，停车问题成为困扰老旧小区治理的常见问题。M社区在推进社区治理的过程中，把解决小区停车难问题作为抓手，坚持社区党委领导，成立"物管会"，推动居民协商议事，共同拿出小区停车管理的可行性方案。此外，面对2020年突发的新冠疫情以及北京市各项重点工作，各社区充分发挥社区党员及"双报到"党员的带头作用，动员社区居民、辖区企业广泛参与疫情防控及垃圾分类等各项工作，社区自治工作方面已获得有益经验。

三、三方协同，共治共建美好社区

1. 政府主导，协同各类主体资源

D 街道办事处作为基层政府部门，要切实履行社区治理主导职责，利用"接诉即办""吹哨""报到"、党建协调委员会等机制，推动部门联动、资源统筹，切实解决社区存在的困难，提升行政效率和公信力。充分发挥街道责任规划师与专家"智库"团队的作用，对社区空间资源紧张、配套设施不全、规划不合理等问题进行深入调研，积极打造社区微更新、微改造空间，同时为各社区下一步改造提升提供设想与思路。在统筹解决问题的过程中同时注意处理好不同主体之间的关系，通过指导议事协商、提供政策指引等方式推动业主与租户、老年与青年、居民与物业之间找到利益诉求的平衡点。

针对居民诉求迫切的停车难问题，M 小区所在居委会指导社区搭建会客议事厅平台，召集业主、租户、物业及产权公司代表共同商议解决途径，分类制订收费方案，维护业主合法权益，提升社区停车位的管理效能。根据区交通委相关政策，街道与社区联合周边企业资源及道路停车资源，为 M 社区居民申请道路居住停车认证，在上地西路路侧停车位优惠停车，补充小区停车位缺口，尽可能满足居民停车的刚性需求，引导社区与周边资源的良性互动，实现共建共治共享的社会治理格局。

2. 居民共商，协同各类社会组织

基层社会治理体系根本上是实现居民自我治理。从小区面临的迫切问题入手，发动居民广泛参与协商议事，踊跃建言献策，积极参与社区建设和服务，培养居民的"主人翁"意识。2020 年 8 月，M 小区成立了 D 街道第一家物管会，由社区党委领导，社区居委会指导，社区党员、积极分子、小区业主等构成，以居民自治组织的形式，推动解决小区治理难题。同时 M 小区物管会也成立了党组织，确保这一居民自治组织的发展方向，明确其为居民发声、为社区服务的根本宗旨。物管会的成立，为老旧小区收集民意诉求、提升自我管理与服务水平、带动小区自治提供了新的路径。

除发动社区自住居民外，还可引导地区青年通过加入社区青年志愿服务队等形式，参与社区治理工作，为社区治理贡献青年力量和青春智慧。2020 年疫情防控和垃圾分类等重点工作任务艰巨，社区、物业人员力量存在巨大缺口。M 小区、N 社区等通过街道共青团招募青年志愿者，组织该地区的青年力量参与疫情防控和垃圾分类值守，缓解了社区志愿者年龄偏大、志愿服务力量不足的问题。大部分青年志愿者在参与社区值守等志愿服务活动的过程中了解了部分社区治理难题的现状及困境，增强了积极参与社区治理的意识。以志愿服务为纽带，引导青年群体关心、关注社区治理问题，增强青年群体的"主人翁"意识，为其参与社区治理提供渠道和途径，扩大居民自治的参与群体，提高青年群体的参与度，是提升社区自治的重要方面。

3. 企业助力，协同各类科技创新

D 街道辖区覆盖信息产业基地及软件园等众多高新技术企业，带动辖区企业参与社区治理，将企业科技成果应用于社区治理，是 D 街道提升社区治理能力的优势与重要途径。作为区"城市大脑"的试点单位，街道与辖区内的百度、联想、中国联通、千方科技等高新企业展开了深度合作，通过开发"城市大脑"综合体系，解决社区治理痛点和难点，探索推进小区门禁人脸识别系统和车辆信息采集系统，实时监测饮用水管网节点水质情况的供水系统，实时掌握社区内空气质量、噪声污染的环境系统，实现社区"智慧管理"。

面对地区老旧小区内休闲场所、便民设施不足的情况，贝壳找房作为该辖区内优势企业，积极参与社区治理和社区服务，利用其旗下链家门店点位众多、覆盖范围广的优势，打造"15 分钟生活服务圈"，为居民们制定便民地图，提供打印、雨天借伞、数字反哺、休闲娱乐场所等服务，弥补社区空间不足的缺陷。对于社区停车规范管理方面，在已经建成的智慧小区道闸门禁系统的基础上，进一步引入停简单公司更新升级车辆管理信息系统，将信息化手段融入社区治理，实现精准区分不同群体车辆，分类管理，确保业主及常住居民的合法权益，用创新为社区治理赋能。

四、新模式探索的局限及建议

D 街道在推进老旧小区有机更新的工作中探索出部分符合该地区特点的社区治理新模式的实施路径，但老旧小区的运行现状距离实现基层社区治理还有多重难点，需要在政策、资金及人员支持方面继续推进。

1. 政策支持方面

（1）建议编制老旧小区改造治理政策支持清单，明确政策需求，推动政策制定更加细化、更加全面，更具有指导意义。老旧小区改造治理内容涉及硬件设施、软件提升各方面，其中许多事项超出了社区、街道管理职责范围，一项改造内容常常涉及多个职责管理部门，需要明确具体的政策支持。在目前的老旧小区更新改造工作中，已经建立了党建引领、共商共治的机制，通过协调各方力量、协同各职能部门解决在改造更新中出现的各类问题，但在实际操作过程中，却因存在部分政策空白使一些解决措施无法落地。通过编制老旧小区改造治理政策支持清单，可以汇总改造治理实施过程中遇到的政策边界问题，列出需通过政策制定部门高位统筹的内容，进一步明确权责关系，为填补政策空白提供解决方案。

（2）建议政策制定部门进一步明确细化落实专项改造工作的解决方案与实施主体。以 M 小区居民反应强烈的加装电梯诉求为例，该工程涉及电力增容、管道改建、绿地改造、停车位挤占等各类事项，需要各个部门彼此配合、通力协作解决。2020 年 7 月印发的《北京市既有多层住宅加装电梯工程技术导则》（京建发〔2020〕184 号）提出，供电问题有时是制约老旧小区既有住宅加装电梯的重要问题。特别是对于建设超过 30 年的 M 小区而言，供电线路老化、承载能力不足等问题更为凸显。电力增容是老旧小区整治改造、提升社区环境的前置基础工作，也是小区改造面临的首要问题之一。

2. 资金支持方面

在推进老旧小区有机更新的工作中，发现资金支持方面还存在一些空缺。

（1）由于历史遗留原因，老旧小区物业费价格低廉或无物业费成为普遍现状。建议针对老旧小区中的建设年代久远、基础设施陈旧、产权复杂等情况，出台新一轮的老旧小区专项物业服务收费标准及基础设施改造标准，在资金上予以支持，实现基础设施更新换代、解决物业管理费用不足、服务人员质量不齐及数量缺乏的现实情况，从根本上拔除陈旧性问题。

（2）建议各方督促，保障合理利用社区维修基金和发动社会力量投入，健全住宅专项维修资金归集、补建机制，结合专项维修资金改革，出台老旧小区专项资金使用办法，建立健全改造后的老旧小区住宅专项维修资金管理制度。同时建议增加公积金支出用途，完善用于老旧小区硬件设施修缮提升的个人公积金提取标准、审核及提取流程等。此外，在《2020年老旧小区综合整治工作方案》（京建发〔2020〕103 号）中还提到完善整治资金共担机制与试点社会资本参与机制，但社会资本参与老旧小区综合整治的定位、出资边界、参与方式和投资回报方式仍需要进一步探索研究。

（3）设立专项资金，保障足够的社区管理经费。虽然财政每年为社区开展日常工作划拨部分经费，但数额有限，资金使用路径亦受到严格限制，需要积极探索引入其他资金渠道作为补充。另外，京社委基发〔2019〕19 号文件中提到街道、居委会及下属委员会成员，可享受工作补贴及必要的电话、交通或劳务费用，但实现路径上却没有建立相关财政文件支持，难以激发居民主动参与社区工作的热情。建议适当调整明确街道、居委会及下属委员会之间的对应关系，出台明确的政策，使得在推动社区各项公益项目时没有后顾之忧。

3. 队伍建设方面

《中共中央关于制定国民经济和社会发展第十四个五年规划和二〇三五年远景目标的建议》提出，今后基层社区治理体系运转关键在社区干部，需要适当增加社区人员编制、加强基层社会治理队伍建设，目前可以从以下几方面展开：

（1）提升物业服务企业的能力。目前大多老旧小区由于物业费用低廉，物业服务企业为节约成本，会相应减少物业服务人员数量，"兜底性物业"更是存在一套人马覆盖服务多个小区的情况。由于物业负责人更换频繁、人员配备不齐、管理工作不到位而引发的诸多纠纷都会堆积在人员相对固定、公信力更强的社区居委会面前。

（2）增加社区工作人员编制。目前社区工作者的编制仍按照社区户数确定，但由于目前流动人口增多，社区的实际常住人口数远多于按户数统计量，且流动性较大、难以管理，当前社区工作人员编制数量难以服务好庞大的居民群体。建议以常住人口为基准，设立社区工作人员编制，明确服务站人员配备及具体工作内容。

（3）明确社区组织工作职责范围。社区居委会虽然是居民自治组织，但在承担社区自治工作的基础上还承担了很多行政性工作事务，对接部门数量多，日常事务繁杂。此外，依《北京市居（村）民委员会下属委员会工作指导规范》（京社委基发〔2019〕19号）文件设立的下属委员会与街道"大部制"改革后的部门设置关联性较弱，造成街道与各下属委员会之间沟通不畅。例如，在"物业管理委员会负责协调各方共同解决物业服务问题并协助街道（乡镇）做好物业管理有关工作"这一点，在实际工作中并未完全得到落实。建议政策进一步明确社区下属委员会人员构成及工作职责范围，同时细化街道在物业管理事项中的主责科室部门，提高与社区干部沟通对接的有效性，更好地开展相关工作。

老旧小区改造是民生工程，也是发展工程，既有利于满足人民群众美好生活需要，又有利于促消费稳投资、有效扩大内需。2020 年，国务院办公厅出台《关于全面推进城镇老旧小区改造工作的指导意见》，提出全年要改造城镇老旧小区 3.9 万个，到"十四五"期末，结合各地实际，力争基本完成 2000 年年底前建成的需改造城镇老旧小区改造任务。我们要从实际出发，凝聚共识、形成合力，通过老旧小区改造，让发展更有质量，让人民群众更有获得感、幸福感、安全感。

结语　什么是好的社区治理

社区隐喻的三个要素——人的聚合、空间的聚合、与空间外部的隔开。社，在现代词义表示形成的一个团体或机构。区，表示所在的地域，同时也有区分之意。这表示着社区是一个人的聚合+空间的聚合+人聚合所在的空间外部，具有区分度。由此就比较容易理解社区的意义，即有三层含义：一是有个形成的团体，居民社区就是居住在一起的这样一个团体；二是有共同所在的地方，引申出去就是有公共地以及公共地上有形的基础设施和无形的秩序（以及为了规范秩序而形成的制度、习惯和公约）；三是与其他居住区或者工作区的团体或地域相区分。这就隐喻了这样一个准入机制：对于不在同一个团体或同一个地域的，需要有准入规则。比如，城市里的小区社区，如果不是居住在此处的，要进入此处的公共空间停车就是不被允许的，这是准入门槛的体现。

第一，国家治理与社会治理的链接就是社区治理。社区是国家治理的基础，社区同时也是社会的基本单元。社区治理就是要为社区里的每个家庭的事务服务，向以家庭为细胞形成的公共社区空间存在的公共事务服务，如营造良好的社区交往氛围，形成非正式和正式的社区规范，调动社区居民参与公共事务，与社区内部的其他组织以及社区外部的组织进行沟通、协调和交往，解决事务，不断提升居民的自治能力和社区能力。如果

212

说"社区治理"＝"社区管理"＋"社区自治"，那么社区作为居民的生活共同体，通过社区自治来实现自我组织、自我管理。国家（政府）提供的社区治理主要在于提供政策、法律、社区规划、基础设施和资源配置以及治理引导等。社会组织的嵌入既是社区自治同时也是社区管理的方式和载体，但自始至终只是载体和方式，社区治理最终都应该回归到主要由居民自己行动起来，自我参与、自我管理。

第二，党的执政能力就是党在基层的组织能力和实力。"从群众中集中起来又到群众中坚持下去，以形成正确的领导意见，这是基本的领导方法"。正如毛泽东同志所说，"应该走到群众中间去，向群众学习，把他们的经验综合起来，成为更好的有条理的道理和办法""将群众的意见集中起来，又到群众中去做宣传解释，化为群众的意见，使群众坚持下去，见之于行动，并在群众行动中考验这些意见是否正确。然后再从群众中集中起来，再到群众中坚持下去。如此无限循环，一次比一次更正确、更生动、更丰富"。

国家治理说到底就是党领导人民群众围绕国家事务开展行之有效的治理活动及过程。作为党的根本工作路线和优良传统，群众路线的核心要义在于充分发挥群众的能动性和积极性。要在国家治理实践中紧密联系群众，在紧密联系群众中提升国家治理能力。社区治理是国家治理的体现和承载。群众路线在基层，只有注重人民群众的力量，才能把社区居民凝聚起来、组织起来，让群众自己解放自己，成为社区的主人翁。

第三，人民群众的小事就是国家治理的大事。"以小为大，以下为上"是北京大学潘维教授提出的崭新的社区治理理念，就是要把人民群众的日常小事作为大事来处理，为家家户户排忧解难，让人民感受到共产党就在你身边，人民群众就会与党紧密联系在一起。民心所向，既是政治心理学的科学理念，同时也是体验政治的经验。人们的幸福感、获得感和安全感是从生活中的点滴小事开始的，工作也是为了生活，因此，民心是党得以立国的长久之道。

第四，居民实现自治需要组织动员。组织力是生命力的具体体现。1906 年 12 月，列宁明确指出："工人阶级的力量在于组织。不组织群众，无产阶级就一事无成。组织起来的无产阶级就无所不能。"1929 年 4 月，毛泽东同志在《红军第四军前委给中央的信》中，首次提出党的组织力的概念，并在《论持久战》中把政治组织力的强弱作为抗日战争取得胜利的重要因素予以深刻论述。1943 年 11 月，毛泽东同志专门以《组织起来》为题做重要讲话，强调要"把群众力量组织起来，这是一种方针"。

第五，基层党组织组织力强弱直接关系党的创造力、凝聚力、战斗力和领导力、号召力，对党执政兴国具有重要影响。习近平总书记指出："社区是基层基础，只有基础坚固，国家大厦才能稳固"。社区是党和政府联系、服务居民群众的"最后一公里"，提高社区治理效能可以为巩固基层基础、夯实党的执政根基提供强有力支撑。做好社区治理工作，关键在党，提高社区治理能力和治理现代化水平，必须充分发挥党的领导优势，把党的组织优势转化为社区治理效能。组织力与一个组织的方向目标息息相关，组织能力越强，但如果组织的性质和目标不是人民的角度，甚至是相反，那么破坏性就越大，就会南辕北辙。对于国家来说，就是国家的性质，国家是为了谁的利益前进，未来的方向是什么。其答案就是坚持中国社会主义道路，为实现人民的美好生活不断奋斗。

居民是都市生活的主体。居民社区的道德风貌意味着全城的道德风貌。居民区无德，全城市民都不会有德。工作场所有严格纪律，且雇有大量保安维持秩序，但人们不是为工作而工作，而是为生活而工作。工作岗位上的人虽尽心尽责，但养小送老才是真实的都市生活，居住社区才是城市生活真实的核心，"民心"来自居民区。"新中国"与"旧中国"的根本区别就在于原本一盘散沙的人民依托"自然社区"组织起来了。组织起来的社区人民依照天理人情和道义，自己解决彼此矛盾，自己调节利益，自己搞卫生清理"龙须沟"，自己集资办基础教育，扶危救困、守望相助、维护治安，在涉及自己利益的事情上有发言权和集体决策权，这就是人民当家作主。人人参与社区公共生活，五花八门的小事就能迅速得到解决，人们就能在日常生活中感受到公正。对日常生活的公正和伦理道德有信心，人们就会支持法律、支持政府办大事。

政府支持并尊重自然社区自治的集体权力，便能免除"小事"之扰，保持人员精干，减轻人民负担，集中财力和精力"办大事"。当人民退化成自私自利、一盘散沙的个人，政府也必然腐败软弱。人民认同政府的根基是自然社区认同，人民热爱祖国的根基是热爱自己生活的自然社区。中国共产党在革命时期曾经是扁平组织，极为亲民，专为百姓办小事。干部战士要保证"缸满院净"，还要"为家家户户排忧解难"。这是党和人民血肉联系的来源。坚持一切依靠组织起来的群众，以小为大、以下为上，党就能保持与群众的"骨肉"联系，赢得民心，保障"全过程"的人民当家作主，消除执政安全和执政正当性隐患。

群众路线是我国新时代的长治久安之道。近年来，群众路线在稳定边疆、消灭绝对贫困、防控疫情的战役中厥功至伟。习近平总书记强调，我们党工作的重要方法论："好的方针政策都应该来自人民、顺应人民的意愿、符合人民的所思所想。党的领导工作的正确方法就是将群众意见集中起来形成正确的决策，又到群众中宣传解释，将决策化为群众的行动，并在群众实践中检验这些决策是否正确。"好的社区治理就是"以人民为中心"，把人民的日常小事放在心上，把广大人民的公共服务均等放在心上，不断凝聚人民群众力量。当今世界正经历百年未有之大变局，我国正处在实现中华民族伟大复兴关键时期，要战胜前进道路上的各种风险挑战，顺利实现"两个一百年"奋斗目标，实现中华民族伟大复兴的中国梦，必须在完善和发展我国国家制度和治理体系上下更大功夫，做好基层治理，更好地把我国的制度优势转化为国家治理效能。

附录 老旧小区有机更新调研问卷

我为改革献一策——

从老旧小区有机更新探索城乡接合部社区治理新模式问卷调查

A1. 您所居住的小区是 ［单选题］

选项	小计	比例
体大颐清园社区	39	7.5%
紫成嘉园社区	30	5.77%
M 社区	49	9.42%
D 八一社区	25	4.81%
万树园社区	20	3.85%
树村社区	7	1.35%
D 西里社区	47	9.04%
东馨园社区	63	12.12%
D 东里第一社区	60	11.54%
D 东里第二社区	42	8.08%
D 南路社区	74	14.23%
D 科技园社区	33	6.35%
D 地区以外	31	5.96%
本题有效填写人次	520	

A2. 您是 [单选题]

选项	小计	比例
业主	470	90. 38%
租户	50	9. 62%
本题有效填写人次	520	

A3. 您的人均年家庭收入是（单位：元）[单选题]

选项	小计	比例
2 万以下	99	19. 04%
2 万~5 万	94	18. 08%
5 万~10 万	138	26. 54%
10 万以上	189	36. 35%
本题有效填写人次	520	

A4. 您的年龄是 [单选题]

选项	小计	比例
20 岁以下	0	0%
21~30 岁	16	3. 08%
31~40 岁	102	19. 62%
41~50 岁	143	27. 5%
51~60 岁	85	16. 35%
61~70 岁	124	23. 85%
70 岁以上	50	9. 62%
本题有效填写人次	520	

A5. 您的政治面貌是 [单选题]

选项	小计	比例
中共党员	285	54. 81%

选项	小计	比例
共青团员	13	2.5%
群众	211	40.58%
民主党派及无党派人士	11	2.12%
本题有效填写人次	520	

B1. 您认为目前所居住的小区存在的突出问题是 [多选题]

选项	小计	比例
停车难	320	61.54%
环境差	139	26.73%
设施老	279	53.65%
活动空间缺乏	262	50.38%
物业管理不到位	282	54.23%
其他	123	23.65%
本题有效填写人次	520	

B2. 您最希望所居住的小区实现改造或更新的项目是 [单选题]

选项	小计	比例
增设停车位	131	25.19%
改善小区景观环境卫生	46	8.85%
更新及完善配套设施	189	36.35%
完善物业管理	154	29.62%
本题有效填写人次	520	

B3. 您是否在现在所居住的小区缴纳过物业费？[单选题]

选项	小计	比例
是	458	88.08%

续表

选项	小计	比例
否	62	▊ 11.92%
本题有效填写人次	520	

B4. 您缴纳的物业费标准是［单选题］

选项	小计	比例
0.5 元以下/平方米/月	24	▊ 5.24%
0.5 元~1 元/平方米/月	138	▊▊ 30.13%
1 元~2 元/平方米/月	196	▊▊▊ 42.79%
2 元及以上/平方米/月	100	▊▊ 21.83%
本题有效填写人次	458	

B5. 您缴纳物业费所包含的物业管理和服务的内容是［多选题］

选项	小计	比例
保洁服务	390	▊▊▊▊▊ 85.15%
保安服务	356	▊▊▊▊ 77.73%
停车管理	217	▊▊▊ 47.38%
绿化管理	353	▊▊▊▊ 77.07%
住宅维修	225	▊▊▊ 49.13%
公共设施维护	312	▊▊▊▊ 68.12%
其他管理与服务费	192	▊▊▊ 41.92%
本题有效填写人次	458	

B6. 您未缴纳物业费的原因是［单选题］

选项	小计	比例
小区没有物业	12	▊▊ 19.35%
小区物业未收取过物业费	22	▊▊▊ 35.48%

选项	小计	比例
小区物业管理不到位，不想缴纳物业费	6	9.68%
小区物业费收取不合理，不想缴纳物业费	0	0%
其他原因	22	35.48%
本题有效填写人次	62	

C1. 您是否在现在所居住的小区缴纳过停车管理费？[单选题]

选项	小计	比例
是	338	65%
否	182	35%
本题有效填写人次	520	

C2. 您缴纳停车管理费的标准是 [单选题]

选项	小计	比例
100 元以内	29	8.58%
100~500 元/年	48	14.2%
500~1000 元/年	78	23.08%
1000~1600 元/年	116	34.32%
1600 元以上/年	67	19.82%
本题有效填写人次	338	

C3. 您未缴纳停车管理费的原因是 [单选题]

选项	小计	比例
没有车或使用小区停车位频率较低	64	35.16%

选项	小计	比例
小区没有相关部门收取停车管理费	49	26.92%
小区停车管理水平低	7	3.85%
小区没有充足车位	37	20.33%
其他原因	25	13.74%
本题有效填写人次	182	

C4. 如果小区的停车设施及管理水平有所提升，您是否愿意支付与管理水平相匹配的更高的管理费用？［单选题］

选项	小计	比例
是	333	73.03%
否	123	26.97%
本题有效填写人次	456	

D1. 您是否参与过所在小区的社区治理工作［单选题］

选项	小计	比例
是	310	59.62%
否	210	40.38%
本题有效填写人次	520	

D2. 您以哪种形式参加过所在小区的社区治理工作［多选题］

选项	小计	比例
"双报到"党员参加社区活动	99	31.94%
以志愿者身份参加社区组织的志愿服务	254	81.94%

选项	小计	比例
通过参加物管会、业主委员会、党建协调委员会、居民议事厅等为社区重大事项进言献策	81	26.13%
通过拨打 12345 热线或 D 街道社情民意反映热线反映问题、提供意见	48	15.48%
其他形式	14	4.52%
本题有效填写人次	310	

D3. 您未参与过所在小区的社区治理工作的原因是［多选题］

选项	小计	比例
这是政府、居委会和物业的工作,与我无关	11	5.24%
不知道参与途径与方式	93	44.29%
没有时间参与	118	56.19%
其他原因	18	8.57%
本题有效填写人次	210	

E1. 您愿意为小区改造更新和小区公共管理水平提升从而获得更好的居住体验做出努力吗?［单选题］

选项	小计	比例
愿意	515	99.04%
不愿意	5	0.96%
本题有效填写人次	520	

E2. 如果您愿意为小区改造更新和小区公共管理水平提升做出努力，您希望以何种形式进行？〔多选题〕

选项	小计	比例
建言献策，参与决策讨论	293	56. 89%
参与志愿服务	335	65. 05%
为所增加的设施或所提供的服务缴纳部分费用	207	40. 19%
其他形式	15	2. 91%
本题有效填写人次	515	

E3. 您不愿意为小区改造更新和小区公共管理水平提升做出努力的原因是〔多选题〕

选项	小计	比例
这是政府、居委会和物业的事情，与我无关	0	0%
没有空闲时间	4	80%
自身能力限制	2	40%
缺乏参与途径	1	20%
自己没有兴趣	2	40%
本题有效填写人次	5	

E4. 改造更新提升后，您最希望物业能在哪些方面有所提升？〔单选题〕

选项	小计	比例
保洁服务	73	14. 04%
保安服务	32	6. 15%
停车管理	136	26. 15%

选项	小计	比例
绿化管理	36	6. 92%
住宅维修	102	19. 62%
公共设施维护	116	22. 31%
其他管理与服务费	25	4. 81%
本题有效填写人次	520	

E5. 如果物业在上述方面有所提升，您是否愿意支付更多的物业费以享受更好的服务？［单选题］

选项	小计	比例
是	365	70. 19%
否	155	29. 81%
本题有效填写人次	520	

E6. 物业管理服务提升后，您能接受的物业费收取标准是 ［单选题］

选项	小计	比例
1 元以下/平方米/月	88	24. 11%
1～2 元/平方米/月	164	44. 93%
2 元及以上/平方米/月	113	30. 96%
本题有效填写人次	365	

参考文献

［1］包国宪等. 治理、政府治理概念的演变与发展 ［J］. 兰州大学学报, 2009（2）：1-7.

［2］Boddy, M. and M. Parkinson. *City matters：Competitiveness, cohesion and urban Governance* ［M］. Bristol：Policy Press, 2004.

［3］Clarke, M. & Stewart, J. *Community governance, community leadership and the new local government* ［M］. York：York Publishing Services, 1998.

［4］蔡昉, 白南生. 中国转轨时期劳动力流动 ［M］. 北京：社会科学文献出版社, 2006.

［5］蔡奇. 把习总书记视察北京重要讲话作为各项工作根本遵循 ［N］. 北京日报, 2017-03-21（02）.

［6］蔡明月. 接诉即办：首都基层治理的一个创造 ［J］. 前线, 2020 （2）：77-79.

［7］邓小平. 邓小平文选：第1卷 ［M］. 北京：人民出版社, 1994.

［8］Daniel Monti. *The American City：Civic Culture in Sociohistorical Perspective* ［M］. US. NJ：Wiley-Blackwell, 1999.

［9］E. G. Ravenstein. *The Laws of Migration* ［J］. Journal of the Statistical Society of London, 1885（2）：167-235.

［10］E. Lee. *A theory of migration* ［J］. Demography, 1966（3）：47-57.

[11] 何显明. 习近平国家治理体系和治理能力现代化重要论述的理论创新意蕴 [J]. 观察与思考, 2019 (1): 5-18.

[12] 贺雪峰. 乡村治理的社会基础 [M]. 上海: 生活读书新知三联书店, 2020.

[13] 黄宗智. 中国乡村研究第十五辑 [M]. 桂林: 广西师范大学出版社, 2020.

[14] 黄百炼, 徐勇. 政治稳定与发展的社会分析: 政治社会学导论 [M]. 武汉: 武汉大学出版社, 1993.

[15] 姜晓萍. 国家治理现代化进程中的社会治理体制创新 [J]. 中国行政管理, 2014 (1): 24-28.

[16] John Stone, PollyRizova. *Racial conflict in Global Society* [M]. U. K: Cambridge Polity Press, 2014.

[17] 李君如. 从"全面领导"看中国共产党领导力 [N]. 北京日报, 2018-08-20 (10).

[18] 李强. 农民工与社会分层 [M]. 北京: 社会科学文献出版社, 2012.

[19] 列宁. 列宁选集: 第4卷 [M]. 北京: 人民出版社, 1995.

[20] 林尚立. 复合民主 [M]. 北京: 中央编译出版社, 2012.

[21] 林尚立. 中国协商民主的逻辑 [M]. 上海: 上海人民出版社, 2016.

[22] 林尚立. 社区民主与治理 [M]. 北京: 社会科学文献出版社, 2003.

[23] 陆铭等. 大国治理 [M]. 上海: 上海人民出版社, 2021.

[24] 卢福营. 村民自治发展中的地方创新 [M]. 北京: 中国社会科学出版社, 2012.

[25] 刘建军. 国家治理现代化 [M]. 上海：上海人民出版社，2020.

[26] 刘俊峰，刘世华. 当前我国协商民主格局及其发展趋向论析 [J]. 天津大学学报（社会科学版），2015（5）：471-475.

[27] 骆小平，黄建钢. 习近平"共享"思想研究 [J]. 中共杭州市委党校学报. 2017（1）：17-23.

[28] 骆小平. 多主体社区治理及其思考 [J]. 华东理工大学学报（社会科学版），2018（3）：98-107.

[29] 骆小平. "中国之治"：当代马克思主义治理理论的创新与发展 [J]. 华北电力大学学报（社科版），2020（5）：10-16.

[30] 骆小平，黄建钢. 积极的公共心理管理学 [M]. 南京：江苏人民出版社，2020.

[31] 骆小平，潘维. 以小为大，城市治理的突破口 [N]. 北京日报，2018-12-21（14）.

[32] 骆国骏，王君璐，郭宇靖. 党建引领小物业 社区治理大民生：《北京市物业管理条例》施行百日观察 [N]. 劳动午报，2020-08-12（07）.

[33] Luo Xiaoping, John Stone. *Bring Migrants Back in：Mobility, Conflict and Social Change in Contemporary Society* [J]. Theory and Soceity，2017（46）：249-259.

[34] 吕德文. 走出高成本治理陷阱 [J]. 半月谈，2020（14）：47-48.

[35] 吕德文. 基层中国：国家治理的基石 [M]. 北京：东方出版社，2021.

[36] 马克思，恩格斯. 马克思恩格斯选集：第1卷 [M]. 北京：人民出版社，1995.

[37] 马克思，恩格斯. 马克思恩格斯选集：第4卷 [M]. 北京：人

227

民出版社，1995.

[38] 马克思，恩格斯. 马克思恩格斯文集：第1卷 [M]. 北京：人民出版社，2009.

[39] 马克思，恩格斯. 马克思恩格斯文集：第2卷 [M]. 北京：人民出版社，2009.

[40] 毛泽东. 毛泽东选集：第1卷 [M]. 北京：人民出版社，1991.

[41] 毛泽东. 毛泽东选集：第3卷 [M]. 北京：人民出版社，1991.

[42] 毛泽东. 毛泽东选集：第4卷 [M]. 北京：人民出版社，1991.

[43] 毛泽东. 毛泽东文集：第2卷 [M]. 北京：人民出版社，1993.

[44] Massey, D. *Spatial divisions of labour：Social structures and the geography of production* [M]. London：Routledge，1995.

[45] 欧阳康. 多维探析中国式现代化新道路 [N]. 中国社会科学报，2021-10-19（07）.

[46] 潘维. 比较政治学理论与方法 [M]. 北京：北京大学出版，2014.

[47] 潘维. 信仰人民 [M]. 北京：中国人民大学出版社，2017.

[48] 潘维. 士者弘毅 [M]. 北京：中国人民大学出版社，2019.

[49] 宋世明. 共治论 [M]. 北京：国家行政管理出版社，2021.

[50] 孙涛. 中国城郊城镇化道路研究 [M]. 天津：南开大学出版社，2016.

[51] 孙一平. "吹哨报到" "接诉即办" 的时代意蕴 [J]. 前线，2019（12）：53-56.

[52] 孙照红. 中国协商民主体系及其运行机制研究 [M]. 北京：人民出版社，2019.

[53] 王浦劬. 治理理论与实践 [M]. 北京：中央编译出版社，2017.

[54] 王思斌. 转型中的城市基层社区组织 [M]. 北京：北京大学出版社，2001.

[55] 王绍光. 中国政道 [M]. 北京：中国人民大学出版社，2014.

[56] 王军. 接诉即办：北京提升超大城市治理水平的创新实践 [J]. 北京党史，2020（2）：52-56.

[57] 吴锦良. "枫桥经验"演进与基层治理创新 [J]. 浙江社会科学，2010（7）：43-49.

[58] 吴晓林. 理解中国社区治理：国家、社会与家庭的关联 [M]. 北京：中国社会科学出版社，2021.

[59] 习近平. 在纪念孙中山先生诞辰一百五十周年大会上的讲话 [M]. 北京：人民出版社，2016.

[60] 习近平. 习近平谈治国理政：第 1 卷 [M]. 北京：外文出版社，2014.

[61] 习近平. 习近平谈治国理政：第 2 卷 [M]. 北京：外文出版社，2017.

[62] 习近平. 习近平谈治国理政：第 3 卷 [M]. 北京：外文出版社，2020.

[63] 习近平. 习近平谈治国理政：第 4 卷 [M]. 北京：外文出版社，2022.

[64] 中共中央文献编辑委员会. 习近平著作选读：第 1、2 卷 [M]. 北京：人民出版社，2023.

[65] 辛向阳. 中国式现代化 [M]. 南昌：江西教育出版社，2022.

[66] 辛向阳. 马克思主义视野下的国家治理 [M]. 桂林：广西师范大学出版社，2014.

[67] 辛向阳. 中国特色社会主义与国家治理现代化 [M]. 杭州：浙

江人民出版社，2015.

[68] 徐大同. 中国古代政治思想史 [M]. 长春：吉林大学出版社，1981.

[69] 燕继荣. 国家治理及其改革 [M]. 北京：北京大学出版社，2015.

[70] 杨华. 陌生的熟人 [M]. 桂林：广西师范大学出版社，2021.

[71] 杨雪冬. 国家治理的逻辑 [M]. 北京：社会科学文献出版社，2018.

[72] 俞可平. 治理与善治 [M]. 北京：社会科学文献出版社，2000.

[73] 俞可平. 和谐社会与政府创新 [M]. 北京：社会科学文献出版社，2008.

[74] 张静. 社会治理：组织、观念与方法 [M]. 上海：商务印书馆，2019.

[75] 赵展慧. 老旧小区改造迎来"升级版" [N]. 人民日报，2021-02-19 (02).

[76] 中共中央党史和文献研究院. 论坚持全面深化改革 [M]. 北京：中央文献出版社，2018.

[77] 中共中央党史和文献研究院. 十八大以来重要文献选编 [M]. 北京：中央文献出版社，2018.

[78] 中共中央党史和文献研究院. 坚定不移推进全面从严治党 [M]. 北京：中央文献出版社，2018.

[79] 中共中央党史和文献研究院. 习近平关于统筹疫情防控和经济社会发展重要论述选编 [M]. 北京：中央文献出版社，2020.

[80] 中央档案馆. 中国共产党第二次至第六次全国代表大会文件汇编 [M]. 北京：中央文献出版社，1981.

［81］周庆智. 论中国基层政府治理现代化［J］. 武汉大学学报（哲学社会科学版），2016（3）：5-15.

［82］周雪光. 国家建设与政府行为［M］. 北京：中国社会科学出版社，2012.